Ann S. Stephens

Malaeska - Eine Erzählung

Ann S. Stephens

Malaeska - Eine Erzählung

ISBN/EAN: 9783743628434

Hergestellt in Europa, USA, Kanada, Australien, Japan

Cover: Foto ©ninafisch / pixelio.de

Weitere Bücher finden Sie auf **www.hansebooks.com**

Malaeska.

Eine Erzählung

von

Mrs. Ann S. Stephens.

Verfasserin von „Julie Warren," „das alte Familienhaus,"
„Verlorene Juwelen," „Zana" c.

Deutsch

von

August Kretzschmar

Leipzig,
Verlag von Ch. E. Kollmann.
1866.

Malaeska.

Erstes Kapitel.

Der Scalp.

Der Reisende, welcher, den Hudson stromaufwärts fahrend, in Catskill Halt gemacht hat, erinnert sich ohne Zweifel einer kleinen Bucht, wie die eine Seite des Dorfes bespült, eben so, wie eines massiven steinernen Gebäudes, welches in geringer Entfernung vom Wasser auf dem höchsten Puncte einer grünwogenden Prairie steht, die von einem kleinen Bache begrenzt wird, welcher sich in den majestätischen großen Fluß ergießt.

Diese Farm ist der einzige Gegenstand, dessen düstere Farbe gegen das üppige Grün der Landschaft auf dieser Seite absticht, und die Ruhe, welche hier herrscht, bildet einen angenehmen Gegensatz zu dem lärmenden Treiben des kleinen Dorfes, welches auf dem andern Gestade der Bucht erbaut ist.

Es sind mehre Gründe vorhanden, aus welchen die Aufmerksamkeit sich vorzugsweise jenem Hause zuwendet.

Abgesehen davon, daß seine Lage eine der reizendsten ist, welche man den ganzen Fluß entlang findet, so hat sein behagliches Ansehen auch keine Aehnlichkeit mit den großartigen Colonnadenhäusern einerseits oder mit den elenden plumpen Hütten andererseits, welche an den Ufern des Hudson den Blicken des Reisenden überall begegnen.

Man athmet in der nächsten Umgebung des Hauses keinen Blumenduft und die Cultur des Bodens ist nur wenig darauf berechnet, dem Auge angenehme Abwechselung zu bieten; die Fruchtbäume wachsen hier aber in großer Menge; ein ungeheuer großer Obstgarten breitet im Sonnenscheine den Schmuck seines Laubwerks aus und frischer Rasen bedeckt den Boden von der Eingangsthür bis zu dem Bache.

Das Innere der Farm hat einen Anstrich von Behaglichkeit, welcher dem, was die Außenseite verheißt, vollkommen entspricht.

Die Hausgeräthschaften sind mit den Bewohnern des Hauses alt geworden. Früher einmal waren sie schön und gegenwärtig besitzen sie den seltsamen Vorzug, mit den Personen, welche sich ihrer bedienen, gut zusammen zu passen. Alles im Hause steht in Uebereinstimmung mit dem Character und den Gewohnheiten des Herrn.

Dieser ist ein reicher Farmer von altem Schrot und Korn — schlau, scharfsinnig und klug — einer jener Menschen, welche ein junges Herz selbst dann noch zu bewahren wissen, wenn das Alter ihr Blut erkalten und ihr Haar ergrauen läßt.

Der Farmer zählt schon über sechszig Jahre, seine Kleidung aber und seine Bewegungen lassen auf höchstens fünfzig schließen.

Im Winter labt er sich, vor einem großen Feuer sitzend, an einer guten Frucht, die er mit schäumenden Aepfelwein benetzt; im Sommer macht es ihm Vergnügen, auf der vor der Farm sich weit hinstreckenden Wiese eine schöne Heerde Kühe weiden zu sehen.

Das Gefühl der Gastfreundschaft herrscht in seinem Herzen noch eben so lebendig, wie zur Zeit seiner Jugend, und er ist mit einem Worte ein Musterbild jener republicanischen Farmer des vorigen Jahrhunderts, welche sich glücklich schätzen, das Haus zu bewohnen, welches ihr Vater erbaut, und ihre alten Tage unter dem Dache zu verleben, welches ihre Kindheit schirmte.

Während der Zeit, welche wir im Laufe des vorigen Jahres in der Nähe dieser Farm verweilten, war es für uns ein großes Vergnügen, unsere Abende bei dem alten Farmer zuzubringen.

Wir hörten ihn gern Indianersagen und Revolutionsgeschichten erzählen. Mit gleichem Interesse vernahmen wir sein Urtheil über die Gegenwart und unterbrachen ihn von Zeit zu Zeit, um die Arbeit zu bewundern, womit seine vortreffliche Gattin sich beschäftigte, oder um die Liebenswürdigkeit eines reizenden kleinen Mädchens zu rühmen, welches sich auf seine Knie stützte und mit den silbernen Schnallen seiner Schuhe spielte.

Dieser rüstige und hochgewachsene Mann und dieses sanfte Kind gewährten, wenn die Gruppe, die sie bildeten, von der Flamme des Heerdes beleuchtet ward, ein allerliebstes Gemälde des mit der Kindheit spielenden Alters. Es glich in jeder Beziehung einem jener Meisterwerke der niederländischen Schule, welche hinter uns in ihren Goldrahmen an der Wand hingen und nebst der auf dem Tische liegenden flämischen Bibel mit ihren messingenen Schließhaken das kostbarste Erbtheil ausmachten, welches auf den alten Farmer von seinem Vater übergegangen war.

Dieses Gemälde war in der That ein bezauberndes; eben so gern aber, als wir dasselbe betrachteten, hörten wir auch die Sagen und Geschichten, welche der Farmer erzählte. Wenn die, welche ich hier mittheile, nicht genau in denselben Ausdrücken wiedergegeben ist, deren der Farmer sich bediente, so wird der Leser doch nicht verfehlen, in Malaeska die schöne junge Indianerin zu erkennen, von welcher der alte Farmer uns erzählte.

Zur Zeit unserer Geschichte, war das prachtvolle Land, welches sich vom Fuße des sogenannten Blauen Gebirges bis zum Hudson erstreckt, weiter nichts, als eine ungeheure Einöde.

Der stattliche Fluß rauschte in einem Schweigen entlang, welches etwas Feierliches hatte, beschattet von Bäumen, welche dem Sturm mehrer Jahrhunderte widerstanden hatten.

Nichts störte die Ruhe seiner Fluthen, als höchstens

zuweilen das Geräusch, welches der Kiel eines ihn durchschneidenden leichten Indianercanoes machte.

Der dunkelfarbige Wall des Gebirges — ragte gen Himmel empor, wie noch heutigen Tages; sein Anblick aber ward durch die fast undurchdringlichen Dickichte, welche seinen Fuß umgaben, noch düsterer gemacht. Jenes Meer von Laubwerk, welches von Weitem aussah, wie ein Nebel, schien den Eingang zu einer Welt der Nacht und Finsterniß zu bilden.

Von diesem ganzen Landstrich, dessen Erzeugnisse gegenwärtig Tausende von Menschen ernähren, war damals nur ein kleiner Winkel angebaut, welcher dem Wanderer wie eine Oase in der Mitte der Wüste entgegenlächelte.

Eine Schaar kühner Ansiedler hatte nämlich einige hundert Acker Boden urbar gemacht und eine gewisse Anzahl plumper einfacher Hütten erhob sich im Herzen des schmalen Thales, wo man gegenwärtig das Dorf Catskill sieht.

Obschon in der Nähe eines Indianerstammes, waren die Colonisten in ihren bescheidenen Arbeiten doch niemals beunruhigt worden. Sie dehnten ihre Bodencultur um das Dorf herum immer weiter aus und ernährten sich und ihre Familien von dem Wildpret, welches in dem Gebirge in Fülle vorhanden war.

Mit den Indianern kamen sie nur selten in Berührung und bis jetzt hatte weder von der einen noch von der andern Seite irgend ein Act der Feindseligkeit den Frieden zwischen den Ansiedlern und den Wilden gestört.

Es war im Monat Mai, ein Jahr nach der Niederlassung der Weißen an diesem Orte, als eines Tages sechs oder acht der Muthigsten sich auf den Weg nach dem Walde machten, um auf die Jagd zu gehen. Man hatte bei Anbruch des Tages am Saume des Waldes einen Bären bemerkt, und während die Meisten sich zur Verfolgung eines weniger furchtbaren Wildes aufmachten, folgten drei der Entschlossensten der Spur des grimmigen Thieres, welches den Weg nach dem Gebirge genommen hatte.

Der Anführer dieser drei Jäger war ein Engländer von ungefähr vierzig Jahren. Er trug einen weiten Rock von grobem blauen Tuche, seine Kamaschen waren bis an das Knie herauf zugeknöpft und sein Hut, von ziemlich origineller Form, war sehr abgetragen. Seine Jagdausrüstung verrieth die ganz besondere Sorgfalt, womit seine Landsleute darauf zu sehen pflegen, daß es ihnen an Nichts fehle, wenn sie sich zu dergleichen Expeditionen aufmachen.

Die beiden anderen Jäger waren weit jünger, als der erste. Ihre Kleider bestanden ebenfalls aus grobem Stoff und sie trugen außerdem eine Art Ueberwurf von Wergleinwand.

Beide junge Männer waren schön, aber dabei besaßen ihre Gesichter jedes ein anderes Gepräge.

Der Character des Einen zeigte sich in seiner Heiterkeit und in der Leichtigkeit seines Ganges. Er folgte dem Engländer dicht auf dem Fuße, indem er mit der Mündung seiner Jagdbüchse das Gesträuch auf die Seite bog, und beobachtete mit lebendigem Auge die abgebrochenen Zweige und die niedergetretenen Blätter, welche die Fährte des verfolgten Thieres bezeichneten.

Sein Costüm hatte gewissermaßen Etwas kriegerisches; seine Fuchsmütze hing nachlässig seitwärts von seinem schönen Kopfe herab und ließ in der Nähe des linken Ohres schwarzes kurzes Haar hervorlugen, und sein vorn offenstehender Rock ließ einem Hals, auf welchen Apollo stolz gewesen wäre, freie Bewegung. Er war ein Jäger von Profession, welcher nur zufällig in der Colonie Halt gemacht hatte, denn er brachte sonst ganze Wochen in den Wäldern zu und verschaffte sich alle möglichen Arten von Pelzwerk, entweder durch sich selbst oder durch Vermittelung der am Fuße des Gebirges lagernden Indianer.

Der Zweite hatte ein weniger lebhaftes Auge und auch seine ganze Haltung war weniger leicht und ungezwungen. Seine hohe, ernste, durch Sonne und Luft gebräunte Stirn besaß jedoch den Ausdruck eines hohen Grades von Intelligenz. Sein gedankenvoller Blick und seine anmuthige würdevolle Haltung bezeichnete einen jener Menschen, welche unter dem Anschein von Kälte und Gleichgültigkeit tiefe und warme Gefühle bergen.

Er war früher Schulmeister gewesen, hatte aber

sein Amt und den Ort, wo er dasselbe bekleidet, niedergelegt, weil er sich durch die schönen Augen und das heitere Gelächter einer gewissen Martha Fellows hatte verführen lassen.

Dieses Mädchen war siebzehn Jahre alt. Ihr Vater hatte sich im vergangenen Sommer in der Colonie niedergelassen und sie sollte mit dem ehemaligen Schulmeister, wie man sagte, vermählt werden, sobald ein Geistlicher in das Dorf käme, und den Bund der Liebenden einsegnen könnte.

Die drei Jäger lenkten ihre Schritte nach dem Süden der Colonie, und gelangten an eine Stelle des Waldes, wo man plötzlich eine große schöne Prairie findet, welche damals den Holländern unter dem Namen der Straka bekannt war, was, wie unser alter Freund uns erklärte, ein Stück Land bezeichnete. Diese Straka war ein längliches Viereck und hatte einen Umfang von acht bis zehn Ackern.

Es dauerte nicht lange, so ward sie sichtbar mit ihren Bäumen, ihrem grünen Rasen und ihren Blumen, benetzt von dem Thau und funkelnd in dem lauen Sonnenschein eines Frühlingsmorgens.

Diese Oase bildete einen eigenthümlichen Gegensatz zu der Einöde, welche die Jäger soeben durchschritten.

Sie blieben einen Augenblick lang am Fuße einer hohen Buche stehen, um diese köstliche Frische zu genießen.

Das Terrain war sonst ganz und durchgängig eben.

Von der Mitte an neigte es sich und bildete einen sanften Abhang bis zu den stolzen Bäumen, welche die Einhegung ausmachten.

Die Umrisse der Prairie waren nicht regelmäßig; hier und da fehlten die Bäume, und man gewahrte Lichtungen im Walde, auf welchen das Sonnenlicht spielte gleich dem Lächeln auf der Lippe des träumenden Kindes.

Zu beiden Seiten trugen riesige Baumstämme ein fast ununterbrochenes Laubgewölbe - gleich den Säulen eines mit Erde bedeckten, in Trümmern liegenden Gebäudes, oder ragten fern hin in dem Walde, durch den Nebel hindurch kaum sichtbar.

Die schweren Aeste, welche über dem Gesträuch hingen, schaukelten sich im Hauche des Augustwindes. Die Hitze hatte noch nicht die Blätter getroffen, denn dieselben waren noch ganz feucht, und die Sonne ließ sie in tausend verschiedenen Farbennuancen erscheinen.

Eine Quelle funkelnden Wassers sprudelte auf dem höchsten Theile der Prairie aus dem Boden und überall war derselbe mit hohem dichtem Gras bedeckt.

Dieses Gras war von dem kleinen Bache bewässert, der mit einem Geräusch, welches dem Lachen eines Kindes glich, sich mitten hindurchschlängelte. Wiesenblumen entfalteten ihre weißen Sterne am Rande, gerade als ob dieses harmonische Geräusch sie einlüde, zu erblühen, und ihre Farbe mischte sich mit dem Azur der wilden Lilien.

Bis auf den heutigen Tag hatten unsere Jäger die Straka stets still und einsam gefunden. Dieselbe war nur von den Vögeln und den Dammhirschen besucht, welche aus dem Gebirge herabkamen, um das dichte Gras abzuweiden.

An diesem Morgen jedoch stiegen Rauchwolken zwischen den Bäumen nach Norden zu empor, und über eine Lichtung hinweg sah man ein Dörfchen, welches aus etwa einem Dutzend Wigwams bestand. Einige davon waren sogar dicht am Rande der Lichtung erbauet.

Das Gras war rings herum niedergetreten und drei oder vier kleine halbnackte Indianer wälzten sich auf dem Rasen, während sie ein lustiges Geschrei ausstießen und sich des schönen Morgens freueten.

Eine junge Indianerin tummelte sich ebenfalls zwischen ihnen herum. Sie hielt ein Kind in den Armen und spielte mit demselben. Ihr Gelächter hatte etwas Musikalisches, wie der Gesang eines Vogels. Sie ging da und dort hin, bald in den Wald hinein, bald kam sie wieder in den Sonnenschein heraus. Ihr langes Haar glänzte wie der Fittig eines Raben und ihre Bewegungen besaßen die Anmuth einer Gazelle.

Die Jäger sahen selbst aus der Entfernung, in welcher sie sich befanden, daß das Kind, welches die Indianerin trug, ebenfalls schön war, und da der Wind von dieser Richtung herkam, so hörte man ganz deutlich das lustige Geschrei des Kleinen.

„Das ist aber zu toll!" murrte der Engländer, indem er seine Büchse zur Hand nahm. „Können diese Menschen sich nicht anderwärts festsetzen, als gerade hier in der Straka? Beim heiligen Georg, ich hätte die schönste Lust, diese Dirne niederzuschießen und diesen verwünschten Bälgern die Hälse umzudrehen."

„Versucht es nur!" rief Danforth, der Jäger von Profession, indem er sich mit wüthender Miene nach dem Sprechenden herumdrehete. „Wagt, ihr nur ein Haar zu krümmen und bei dem Gott, der mich geschaffen, ich schieße Euch eine Kugel durch den Kopf oder zerschmettere Euch den Schädel an diesem Baume."

Der Engländer stieß mit dem Kolben seiner Kugelbüchse auf den Boden und dunkle Zornesröthe überzog seine Wangen bei diesen so unerwarteten und gleichzeitig so verwegenen Worten. Einen Augenblick lang sah er den jungen Jäger an, dessen Gesicht einen furchtbaren Ausdruck angenommen hatte. Dann ergriff er seine Büchse und ging mit gleichgültigem Schritt weiter.

„Wir wollen uns nicht streiten," sagte er; „es war blos ein Scherz von mir. Kommt, kommt! Wir haben die Spur verloren, und wenn wir länger hier verweilen, so wird das Thier uns entrinnen. Rasch vorwärts! vorwärts!"

Mit diesen Worten warf der Engländer seine Büchse auf die Schulter und ging weiter in den Wald hinein. Jones, der ehemalige Schulmeister, folgte ihm. Danforth blieb zurück.

„Ich muß wissen, was das bedeutet," sagte er bei sich selbst, indem er bald seinen Begleitern nachschaute, bald die Gruppe der jungen Indianer betrachtete. „Welcher Grund kann sie so in die unmittelbare Nähe der Colonie geführt haben?"

Noch einen Blick warf er den sich entfernenden Jägern nach, dann durchschritt er die Straka und nahm die Richtung nach den Wigwams.

Jones und der Engländer hatten bereits den kleinen See oder Sumpf erreicht, welcher sich ungefähr eine Meile von der Straka befand, als Danforth sie wieder einholte. Seine Stirn war wieder heiter geworden und er schien die Wirkung so beleidigender Worte durch größere Liebenswürdigkeit als gewöhnlich wieder verwischen zu wollen. Bald war auch das gute Einvernehmen unter den drei Jagdgenossen wieder hergestellt. Sie folgten von Neuem der Fährte des Thieres und drangen immer tiefer in das Gebirge ein.

Gegen Mittag befanden sie sich mitten in den Schluchten, welche man auf der Höhe der Blauen Berge antrifft, an der Stelle, wo gegenwärtig das sogenannte Berghaus steht.

Jones betrachtete aufmerksam die Landschaft, welche sich ihm hier darbot. Dabei blieb er aber allmählich hinter den andern Beiden zurück und lange zuvor ehe er es bemerkte, waren sie weit über das Bereich seiner Stimme hinaus.

Als er seine Lage erkannte, sah er, daß er sich in

einer Schlucht befand, welche in das Herz des Gebirges hineinführte. Ein kleiner Bach strömte von dem Felsenabhange herab und kein Sonnenstrahl drang bis hierher, obschon das Tagesgestirn jetzt sehr hoch am Horizont stand.

Auf den Abhängen ruhete die Einsamkeit in ihrer ehrfurchtgebietenden Erhabenheit. Der Schatten war erfrischend und der Bach ließ über sein Kieselbett dahinrieselnd ein Geräusch hören, welches einen eigenthümlichen Reiz ausübte.

Es dauerte nicht lange, so schlug noch ein anderes Geräusch, welches dem durch Blätter und Blumen säuselnden Winde glich, sanft an das Ohr des einsamen Wanderers.

So wie er weiter kam, ward das Geräusch stärker und die Töne waren voller. Endlich bemerkte er, daß dieselben von dem Rauschen des Wassers in ziemlich geringer Entfernung herrührten. Die Schlucht ward immer tiefer und Felsblöcke hemmten hier und da den Lauf des Baches.

Arthur Jones blieb stehen und ließ Blicke des Erstaunens um sich herumschweifen. Sein Herz wallte über von Poesie und er bewunderte die Macht des Schöpfers. Vergebens suchte er sich einer Gemüthsbewegung zu erwehren, die ihm bis jetzt unbekannt gewesen. Zu beiden Seiten sah er nichts als Abgründe und über einander gethürmte Felsen, welche bis in die Wolken emporragten. Aus den Ritzen und Spalten waren riesige Bäume hervorgewachsen und sie schaukelten ihre Gipfel gleich einem von dem Winde bewegten Banner.

Ein tief blauer Himmel breitete sich über dies Alles aus und bildete einen prachtvollen Dom, der mit Liebe diese Schlucht zu schirmen schien, welche niemals durch die Strahlen der Sonne erwärmt ward.

Jones that noch einen Schritt und der Wasserfall war vor ihm. Es bot sich ihm nun ein Schauspiel dar, welches nicht weniger schön war, als das bis jetzt gesehene. Er ward nicht müde, diese Wassermasse zu bewundern, welche wie Schnee aus den Wolken von den Felsen herabstürzend etwa hundert Fuß tiefer in den finstern Abgründen des engen Thales verschwand.

Das Licht spielte auf dem Laubwerk über dem Kopfe des Wanderers eben so wie auf dem Puncte, wo das Wasser von dem Felsen hinwegsprang.

Als der Jäger seine Kaltblütigkeit wiedergewonnen, bemerkte er mit welcher Harmonie das Schöne sich mit dem Erhabenen vermählte. Die Abgründe hatten ein vollkommen wildromantisches, schauerliches Ansehen, die Felsen waren mit sammetweichem Moos bedeckt und mit glänzend weißen Blumen geschmückt.

Diese reizenden Blumen waren in so großer Anzahl vorhanden, daß es schien, als ob jeder Wassertropfen an der Stelle, wo er niederfiel, eine hervorsprießen ließe.

Der Jäger fand außerordentliches Vergnügen daran,

dieses prachtvolle Gemälde zu betrachten. Er lehnte sein Jagdgewehr an den Felsblock, setzte sich und heftete die Augen auf den Wasserfall. Als er so unverwandt hinschauete, kam es ihm endlich vor, als ob die Felsen sich immer höher emporhöben, bis sie endlich an den Himmel stießen.

Noch war er in dieser seltsamen optischen Täuschung welche sehr oft Schwindel erzeugt, befangen, als plötzlich der Knall eines Flintenschusses an sein Ohr schlug.

Sofort sprang er auf die Füße. Eine Kugel pfiff ihm am Kopfe vorbei und streifte die dichte Masse Haar, welche auf sein Gesicht herabfiel.

Gleichzeitig fühlte er sich wie von einer Betäubung überwältigt und gewahrte einen halbnackten Wilden, der am Fuße des Wasserfalls auf dem Felsenrande lag. Das Wasser spritzte schäumend bis auf seine Schultern.

Schon legte der Wilde seine Flinte wieder an, um einen zweiten Schuß abzufeuern. Rasch wie der Blitz legte auch Jones seine Büchse an und gab seinerseits Feuer.

Der Indianer stieß ein furchtbares Geschrei aus, sprang empor wie ein wildes Thier, und stürzte von dem Felsen hinab.

Vor Gemüthsbewegung zitternd, aber dennoch muthig und fest lud der Jäger sein Gewehr wieder und hielt sich bereit, sein Leben so theuer wie möglich zu verkaufen. Er zweifelte in der That nicht, daß die Schlucht mit hier im Hinterhalte liegenden Wilden angefüllt wäre, welche wie ein Rudel Wölfe über ihn herstürzen würden.

Alles aber blieb ruhig und als er sich überzeugt hatte, daß er allein war, begann der Gedanke, einem Menschen das Leben geraubt zu haben, ihn auf das Grausamste zu martern. Seine Kniee zitterten, und das Blut stieg ihm in die Schläfe empor.

Einem Gefühl der Humanität nachgebend, kletterte er von Felsen zu Felsen hinab, und gelangte auf diese Weise bis zu dem von ihm getroffenen Wilden.

Der Unglückliche lag mit dem Gesicht gegen die Erde gekehrt und gab kein Lebenszeichen mehr von sich.

Jones zog sein Messer, packte das lange schwarze Haar des Todten und schnitt es ihm ab. Dann durchschritt er die Schlucht, diese Trophäe in der Hand haltend.

Diese Heldenthat hatte ohne Zweifel seine Befürchtungen verscheucht, denn er erstieg mit festem Schritt die Felsen und drang dann in den Wald hinein, ohne, wie es schien, sich um die Richtung zu kümmern, welche er einschlug.

Der Knall eines abermaligen Schusses bewog ihn, plötzlich stehen zu bleiben. Er horchte eine Weile, und lenkte dann seine Schritte nach der Stelle, wo später das oben erwähnte Berghaus erbauet ward.

Hier fand er den Engländer. Zu den Füßen desselben lag ein ungeheurer Bär ausgestreckt, und der Sieger überschauete die prachtvolle Region, welche sich mehre hundert Klafter tief unter ihm hinstreckte. Seine Gesichtsfarbe war belebt und sein Athemzug schneller als gewöhnlich.

Danforth stand neben ihm und auch an ihm waren noch die Spuren des so eben stattgehabten Kampfes zu sehen.

„Ah! Da kommt Ihr ja, Ihr wollt wohl Euern Antheil an der Beute haben?" sagte der ältere Jägersmann, als Jones sich näherte. „Nicht übel von Euch, daß Ihr Euern Posten verlasset, wenn die Gefahr da ist. Aber zum Teufel, Kamerad, was habt ihr da?" rief er, indem er auf den Skalp des Indianers zeigte.

Jones erzählte seine Begegnung mit dem Wilden.

Der Engländer schüttelte den Kopf mit prophetischer Miene.

„Dieser Vorfall," sagte er, „wird uns, ehe noch eine Woche vergeht, viel zu schaffen machen. Ihr habt da einen großen Fehler begangen, aber deswegen laßt Euch nicht Angst sein. Ich hätte es eben so gemacht wie Ihr, wenn ich diesen Teufel von einer Rothhaut hätte feuern sehen. Kommt; wir wollen den Mann wenigstens so gut es geht begraben."

Jones kletterte voran wieder hinunter, sie fanden aber blos einige schwarze Haare und Blutpfützen. Der Körper des Wilden und seine Flinte waren verschwunden.

Wie war dies zugegangen? Die drei Jäger verloren sich hierüber in allerhand Vermuthungen.

Eines der größten Häuser der Colonie war so eingerichtet, daß man später ein Gasthaus daraus machen wollte. Hier pflegten die Ansiedler sich zu versammeln, wenn sie von ihren Ausflügen aus den Gebirgen und Wäldern heimkehrten. Die hier aufbewahrten Vorräthe an Branntwein und andern geistigen Flüssigkeiten waren der Obhut Jones Fellows und der schönen Martha, seiner Tochter, anvertraut, von welcher letzterer wir bereits gesprochen haben.

Gegen Sonnenuntergang begannen die Männer, welche am Morgen zur Jagd ausgezogen waren, mit dem erlegten Wildpret zurückzukehren. Zwei Hirsche und eine große Anzahl kleinerer Thiere lagen bereits vor der Thür, als der Engländer und seine beiden Kameraden anlangten. Sie brachten den von ihnen erlegten Bären.

Sie wurden mit einem lauten Freudenrufe empfangen und Alle drängten sich eifrig um sie herum, um ihre Beute in Augenschein zu nehmen.

Als Jones aber den Skalp des Indianers an dem Nagel aufhing, sahen sie einander mit düsterem Schweigen an. Der junge Jäger blieb bleich und stumm vor ihnen stehen. Es war das erste Mal, daß einer von ihnen einen Indianer um's Leben gebracht, und Alle sahen ein, daß man, indem man das Blut eines rothen Mannes vergossen, die Schranke niedergerissen hatte, welche bis jetzt den Ansiedlern zum Schutze gedient.

„Das ist eine schlimme Geschichte," sagte einer der

ältesten Jäger, indem er den Kopf schüttelte und zuerst das allgemeine Schweigen brach. „Es wird von nun an nicht angenehm sein, in den Wald zu gehen. Aber wie kam dies nur, Jones? Sagt uns, wie Ihr zu diesem Skalp gekommen seid. Hat vielleicht ein Indianer auf Euch geschossen? Erkläret Euch."

Alle drängten sich um Jones und er wollte eben die Umstände erzählen, in Folge deren er den Skalp erbeutet, als plötzlich die Thür sich öffnete und er dadurch Gelegenheit erhielt, einen Blick in das Innere des Zimmers zu werfen, in welches diese Thür führte.

Dieses Zimmer war fast nur mit Bänken und Schemeln möblirt; in einem Winkel stand jedoch ein Bett.

Martha Fellows, die Verlobte des jungen Jägers, saß an einem plumpen Tische, auf welchem man zwei oder drei Becher, ein paar halbgeleerte Flaschen und einen Krug Wasser stehen sah.

Nichts konnte anmuthiger sein, als dieses junge Mädchen, welches vorwärts geneigt mit gespannter Aufmerksamkeit die Worte anhörte, welche William Danforth, der neben ihr saß, leise zu ihr sprach.

Er hatte sich seines Ueberwurfs von roher Leinwand entledigt und seine Mütze vor sich auf den Tisch gelegt. Seine starke Brust war unter dem Rocke, der sie umschloß, in ihrer ganzen Breite sichtbar.

Ein Taschentuch von rother Seide, welches ihm als Gürtel diente, verlieh seinem natürlichen Costüm ein eigenthümliches Gepräge. Es stand in Einklang mit seinem Wuchse, eben so wie mit der kühnen Haltung seines Kopfes, der als ein wahrhaftes Muster von männlicher Schönheit betrachtet werden konnte.

Eine Wolke der Unruhe flog über Arthur's Stirn und ein seltsames Gefühl von Eifersucht regte sich in seinem Herzen. Er begann sein Abenteuer in verworrener Weise zu erzählen, der Engländer aber unterbrach ihn und übernahm selbst die Aufgabe, die ungeduldige Neugierde der übrigen Jäger zu befriedigen.

Auf diese Weise ward es Arthur Jones möglich gemacht, jeden Blick und jede Bewegung der Dame seines Herzens genau zu beobachten.

Der junge Mann sah, wie die dunkle Röthe ihre von der Sonne gebräunten Wangen bedeckte. Er sah, wie ihre schwarzen Augen vor Freude funkelten, wie um ihren Mund herum sich reizende Grübchen bildeten, und seine Traurigkeit und Niedergeschlagenheit steigerten sich.

Als aber der schöne Jäger seine Hand in die Marthas legte und den Kopf so neigte, daß sein Haar sich mit ihren spiegelnden Locken mischte, da konnte der arme Verliebte sich nicht länger mäßigen.

Rasch die Gruppe, bei welcher er bis jetzt gestanden, verlassend, trat er majestätisch in das Zimmer hinein, näherte sich ihr, die ihm in diesem Augenblick qualvolle Schmerzen bereitete und rief:

„Martha Fellows!"

Er sprach diese Worte mit so starker Stimme, daß die schöne Schuldbewußte rasch ihre Hand aus der des Jägers losmachte und vor Schrecken zwei zinnerne leere Becher umwarf.

„Was wünscht Ihr, Herr?" antwortete Martha, welche, ihre Kaltblütigkeit schnell wieder erlangend, Danforth einen boshaften Blick zuwarf, welchen der letztgenannte erwiderte.

Arthur Jones sah ein, daß er sich lächerlich machte, und seinen Zorn bemeisternd setzte er, nachdem er pathetisch eingetreten, hinzu:

„Wollt Ihr mir ein Glas Wasser geben?"

Martha zeigte mit ihrer kleinen gebräunten Hand auf den Wasserkrug.

„Da steht welches," sagte sie.

Dann wendete sie ihm den Rücken zu und wechselte mit Danforth abermals einen Blick heimlichen Einverständnisses. Zugleich ergriff sie seine auf dem Tische liegende Pelzmütze, begann darauf zu blasen und dann sich die Backen damit zu streicheln, als ob sie ein Kätzchen liebkoste.

Alles dies that sie in der sehr lobenswerthen Absicht, den Unglücklichen zu quälen, der sie liebte und den sie selbst mehr liebte, als sonst Etwas in der ganzen weiten Welt.

Einige Minuten später traten auch die andern Männer ein und Jason Fellows, Martha's Vater, verkündete, die Jäger hätten in Folge eines vor der

Thür gehaltenen Rathes beschlossen, daß Arthur Jones und William Danforth, als die jüngsten Mitglieder der Colonie, zu der nächstgelegenen geschickt würden, um diese um sofortigen Beistand gegen den Angriff der Indianer zu bitten, welcher mit gutem Grunde zu befürchten stand.

Martha ließ, als sie den Namen der zu dieser Mission bestimmten Männer hörte, den Becher fallen, den sie so eben gefüllt.

„O nein! Schickt nicht ihn, oder vielmehr schickt nicht die Beiden," rief sie in bittendem Tone. „Sie würden unterwegs von den Indianern überfallen und erschlagen werden."

Sie heftete, indem sie dies sagte, ihre ängstlichen erschrockenen Blicke auf ihren Vater.

„Danforth wird dableiben," sagte Arthur Jones, indem er sich dem Tische um einen Schritt näherte. „Ich mache mich anheischig, diesen Auftrag allein zu vollziehen."

Martha traten die Thränen in die Augen, und sie wendete sich mit vorwurfsvoller Miene nach ihrem Verlobten herum.

Dieser aber entfernte, fest entschlossen, sich tödten und skalpiren zu lassen, sich mit stolzem Schritt, ohne Notiz von dem Ausdruck ihrer Augen zu nehmen, welcher darauf berechnet war, seine eifersüchtige Aufregung zu beschwichtigen.

Danforth bat, daß man ihm erlauben möchte, die

Antwort, welche man von ihm verlangte, bis zum nächstfolgenden Morgen zu verschieben, und die Jäger gingen wieder hinaus, um die gemachte Beute zu theilen, welche man mitten unter der allgemeinen Verwirrung einen Augenblick vergessen hatte.

Danforth ließ sie gehen, ohne sie zu begleiten, dann ergriff er endlich seine Pelzmütze, wünschte Martha mit leiser Stimme gute Nacht und verließ das Haus ebenfalls.

Das arme Mädchen bemerkte seinen Weggang kaum. Ihre Augen füllten sich wieder mit Thränen und nachdem sie sich auf eine nach dem Ende des Zimmers stehende Bank gesetzt, stützte sich die Arme auf den Rand eines Tisches, legte den Kopf darauf und brach in lautes Schluchzen aus.

Während sie sich so ihrem Schmerze hingab, vernahm sie das Geräusch eines wohlbekannten Trittes von der Thür her. Ihr Herz schlug stürmischer, bald aber beschwichtigte sich die Aufregung desselben wieder. Ihr Verlobter saß neben ihr.

Martha trocknete ihre Thränen und dachte nicht mehr an ihren Kummer. Sie sah ihren Arthur wieder und dachte auch sofort wieder daran, zu coquettiren.

Als er daher, von ihrem anscheinenden Schmerze gerührt, die Hand an ihre Stirn legte und sie zwang, den Kopf emporzurichten, lachte sie.

„Sie lacht über ihre Thorheit!" sagte er bei sich

selbst und setzte dann laut hinzu: „Martha, das ist nicht gut — weder für Dich noch für mich."

Mit diesen Worten stand er entrüstet auf, nahm seinen Hut und lenkte seine Schritte nach der Thür.

„Ihr wollt doch nicht schon wieder gehen?" rief Martha, indem sie den Kopf immer noch auf eine seiner Wangen gelehnt hielt, und dem jungen Manne einen halb reuigen, halb spöttischen Blick zuwarf. „Ihr wollt doch nicht schon wieder gehen? Wenn Ihr mich verlasset, so werdet Ihr es bereuen."

Jones zögerte. Martha nahm einen aufrichtig ernsten Ton an. Thränen benetzten ihre Augenlider und sie schien über Das, was sie gethan, wirklich betrübt zu sein.

Er kehrte zu ihr zurück. Hätte er jetzt an ihr gutes Herz appellirt, hätte er ihr den Schmerz geschildert, den sie ihm dadurch verursacht, daß sie sich liebenswürdig gegen einen Andern gezeigt, so hätte sie gewiß in aller Demuth ihren Fehler eingesehen und zugestanden.

Leider aber ging er nicht so zu Werke. Er war ein Mann von gesundem Verstande, und beschloß diesen Liebeszwist dadurch zu beenden, daß er seiner Verlobten vernünftige Vorstellungen machte, als ob dergleichen bei einem Liebeszwiste jemals am rechten Orte gewesen wäre.

„Ich werde die Sache mit ihr erörtern," dachte er bei sich selbst.

Martha ihrerseits sagte im Stillen:

„Ich habe ihn betrübt und unglücklich gemacht, und ich will ihm gestehen, daß es mir leid thut."

„Martha," sagte er in strengem Tone, „warum sah ich Dich vorhin so vertraulich mit jenem jungen Manne von Manhattan plaudern?"

Martha gerieth über diese Frage in das größte Erstaunen. Er sprach mit der größten Ruhe und betonte die Worte „jenem jungen Manne" mit einer Ironie, welche ihren Stolz verletzte. Ihre Lippen, welche schon im Begriffe gestanden, Reue zu erkennen zu geben, verlängerten sich und verzogen sich zu einem Schmollen übler Laune. Dann zuckte sie die Achseln wie ein verzogenes Kind, welches sich beklagt, und antwortete, er habe doch fortwährend Etwas an ihr auszusetzen.

Jones ergriff sie bei der Hand und suchte ihr in sanfter Weise begreiflich zu machen, daß sie unrecht und leichtsinnig gehandelt, ohne die mindeste Rücksicht auf die Gefühle ihres Verlobten.

Martha entzog, wie man sich leicht denken kann, ihm rasch ihre Hand, drehte ihm halb den Rücken zu, brach in Thränen aus und erklärte, sie sei nicht gesonnen, sich auf diese Weise ausschelten zu lassen.

Arthur Jones fuhr jedoch fort, ihr den Text zu lesen.

„Nimm doch Vernunft an," sagte er, indem er die Hand ausstreckte, um die ihrige zu ergreifen."

„Ich will von Vernunft nichts wissen," entgegnete sie, indem sie ihre Hand abermals zurückzog. „Ich brauche Nichts weiter zu hören. Immer gehe, und wenn Du in Deinem Leben nicht wieder mit mir sprichst, so mache ich mir auch weiter Nichts daraus."

Arthur Jones nahm seinen Hut, stülpte ihn auf den Kopf und verließ das Haus.

Martha, welcher das Herz sich wieder zusammenzuschnüren begann, folgte ihm mit den Augen in dem Abenddunkel, bis er verschwunden war, dann legte sie sich zu Bett.

„Er wird morgen, ehe er sich aufmacht, noch einmal zu mir kommen," sagte sie bei sich selbst. „Er wird nicht den Muth haben, sich von mir zu entfernen, ohne Abschied zu nehmen. Ich bin überzeugt, daß er dies nicht thun wird."

So sagte sie im Stillen immer und immer wieder.

Sie legte sich, wie eben bemerkt, nieder, um zu schlafen, aber Thränen der Reue benetzten diese ganze Nacht ihren Pfühl.

William Danforth, der junge Mann von Manhattan, wie Arthur Jones ihn genannt, lenkte als er das Gasthaus verließ, seine Schritte nach dem Walde und nahm die Richtung nach dem Teiche.

Der Mond war aufgegangen, der Himmel aber war mit Wolken bedeckt und der ohnehin so bleiche Schein des Nachtgestirns war zu schwach, um das dichte Laubwerk des Waldes zu durchdringen.

Danforth kannte aber ohne Zweifel den Weg, denn

er schritt ohne Schwierigkeit durch das dichteste Dickicht und blieb erst stehen, als er am nördlichen Rande des Teiches aus dem Walde herauskam.

Er ließ einen ruhigen Blick über die Fläche des kleinen See's schweifen. Der Mond war eben aus dem Gewölke hervorgetreten und sein Licht beleuchtete lebhaft die Fluthen; die Felsen des Gestades warfen ihren Schatten darauf und sahen aus wie ungeheuere Riesen. Nichts zeigte sich auf dem Wasser, kein Geräusch war zu hören, höchstens das Abendlüftchen, welches leicht über den Teich hinwegstrich und sanft in dem Laubwerk murmelte.

Plötzlich gewahrte der Jäger auf einem hervorragenden Puncte des gegenüberliegenden Ufers ein Licht, welches von einer Holzfackel herzurühren schien.

Bald darauf ward ein zweites und ein drittes sichtbar und es dauerte nicht lange, so stiegen Flammen empor, welche weithin einen lebhaften Glanz verbreiteten, der von den Fluthen des kleinen See's ihrem ganzen Umfange nach zurückgeworfen ward.

„Sie treffen schon ihre Anstalten," murmelte Danforth, als er Krieger mit tättowirtem Gesicht sich um das Wachtfeuer versammeln sah.

Jeder der Wilden war in der That mit seiner Flinte bewaffnet. Es war unter der Gruppe eine lebhafte Bewegung bemerkbar. Schwarze Schatten spielten zwischen dem einsamen Zuschauer und dem Feuer, als ob die Wilden ein Manöver einübten, oder die Tänze aus=

führten, welche dem Aufbruche eines zum Kampfe aus-
ziehenden Stammes voranzugehen pflegen.

Danforth verließ den Rand des Teichs. Er schlug
einen schrägen Weg ein und erreichte nach einer halben
Stunde das Indianerlager. Er durchschritt das aus
Wigwams bestehende Dörfchen, bis er zu dem am
äußersten Ende stehenden gelangte.

Dieser letzte Wigwam war von Holz erbauet und
hatte etwas Mässives und Solides, welches den andern
abging.

Der junge Jäger hob die Matte, welche den Eingang bedeckte, und warf einen Blick in das Innere.

Eine junge Indianerin saß im Hintergrunde auf
einem Haufen Pelzwerk. Ihr Gesicht war nicht tätto-
wirt, ihre Wangen waren voll und sammetweich, und
ihre großen Gazellenaugen verliehen ihrem Gesicht außer-
gewöhnliche Schönheit.

Ihre Tracht bestand in einem schwarzen baumwolle-
nen Rock, der über der Brust offenstand und um
den Leib herum durch einen schmalen seidenen Gürtel
festgehalten ward. Dieser Gürtel, die Armbänder, die
sie an den Handgelenken trug, und die gestickten Mocassins
oder Lederstrümpfe, welche ihre Füße umschlossen, waren
die einzigen indianischen Zierrathen, die man an ihr
bemerkte.

Während die anderen Frauen ihres Stammes den
Glanz ihres Haares durch darin befestigten Schmuck zu
heben suchten und es über die Schultern herabfallen

ließen, trug sie das ihrige geflochten rund um die Stirn gelegt, welche glatt und blank war wie Marmor.

Auf ihren Knieen hielt sie ein vollständig nacktes Kind, welches seine zarten Glieder streckte und seine kleinen Hände zu dem Munde seiner Mutter emporhob. —

Die junge Mutter schaukelte es auf ihrem Sitz von Fellen und sang ihm mit sanfter melodischer Stimme ein indianisches Liedchen vor.

Als der Schatten des Jägers den Eingang verdunkelte, zuckte die junge Frau zusammen und stieß einen Freudenruf aus. Dann setzte sie ihr Kind auf die Felle und ging dem Eintretenden entgegen.

„Warum läßt der weiße Mann seine Frau so viele Nächte lang allein?" sagte sie in schlechtem Englisch, indem sie sich an seine Kleider hing. „Das Kind und die Mutter haben schon lange den Tritt seiner Mocassins zu hören gehofft."

Danforth schlang seinen Arm um die Indianerin, zog sie an seine Brust und drückte seine Wange an die ihrige, als ob diese Liebkosung eine hinreichende Antwort auf ihren sanften Vorwurf sein sollte. Ihr Herz war naiv und von guten, natürlichen Gefühlen beherrscht. Sie liebte ihren Gatten bis zum Wahnsinn. Die Zuneigung, welche sich im civilisirten Leben auf tausend Gegenstände vertheilt, concentrirte sich bei ihr auf ein einziges Wesen. Er war das Ziel aller ihrer Gedanken, und als er sein Gesicht dem ihrigen näherte, stieg das

Blut in ihre Wangen empor und ihre großen reinen Augen funkelten vor Freude.

„Was hat Malaeska gemacht, seitdem der Vater des Kindes sie verließ, um in den Wald zu gehen?" fragte Danforth, indem er sie zu dem Lager führte, wo das reizende kleine Wesen halb unter dem kostbaren Pelzwerk verschwunden war.

„Malaeska ist allein in dem Wigwam geblieben und hat den Schatten der großen Tanne betrachtet. Wenn ihr Herz traurig ward, heftete sie ihre Augen auf die des Kindes und sie fühlte sich dann getröstet," antwortete die Indianerin.

Und sie legte ihren kleinen Sohn in die Arme seines Vaters.

Danforth küßte den Kleinen, dessen Augen vollkommen den seinigen glichen, strich ihm das dichte schwarze Haar aus der Stirn, welche kaum die Farbe des Gesichts seiner Mutter hatte, und murmelte:

„Welch' ein Unglück, daß der Knabe nicht ganz weiß ist!"

Die Indianerin nahm ihren Sohn und legte mit einem Gemisch von Stolz und Schmerz einen Finger auf des Kindes Wangen, dessen lebhafte weiße und rothe Farbe das englische Blut verrieth.

„Malaeska's Vater," sagte sie, „ist ein großer Häuptling. Der Knabe wird einmal auch ein Häuptling in dem Stamme des Vaters seiner Mutter werden; daran denkt Malaeska aber niemals, wenn sie das Blut des weißen Mannes das Gesicht des Kindes färben sieht."

Mit diesen Worten setzte sie sich traurig wieder auf den Haufen Pelzwerk.

„Ja, er wird ein tapferer Häuptling werden," sagte Danforth, welchem viel daran lag, den durch diese unüberlegten Worte hervorgebrachten Eindruck wieder zu verwischen. „Sage Malaeska, warum haben die Krieger die Berathungsfeuer angezündet? Auf dem Wege hierher gewahrte ich Flammen am Rande des See's."

Malaeska konnte ihm blos antworten, daß man gegen Abend den Leichnam eines Indianers in das Lager gebracht, und daß man vermuthete, er sei durch einen Weißen von der Colonie getödtet worden. Der Häuptling hatte deshalb sofort einen Rath zusammenberufen, um die Maßregeln zu besprechen, welche man zu treffen hätte, um den Tod des gemordeten Bruders zu rächen.

Danforth hatte diese Schritte von Seiten der Wilden gefürchtet, und eben um ihren Groll zu beschwichtigen, sich noch zu so später Abendstunde auf den Weg nach dem Indianerdorfe gemacht. Die Tochter des Häuptlings war sein Weib, und er demzufolge einer der angesehensten Männer des Stammes.

Dennoch sah er recht wohl ein, daß es seinen Anstrengungen vielleicht doch nicht gelingen würde, jetzt, wo einer der Indianer von den Weißen getödtet worden, den Racheplänen der Ersteren Einhalt zu thun. Ueberzeugt, daß seine sofortige Gegenwart bei der Berathung nothwendig sei, verließ er den Wigwam und lenkte seine raschen Schritte nach dem Rande des k!....:n See's.

Es dauerte nicht lange, so erreichte er das Ende des Waldes, in kurzer Entfernung von der Stelle, wo die Indianer versammelt waren.

Ihr Tanz war beendet und aus dem heiseren Geschrei, welches sie ausstießen, schloß Danforth, daß sie mit der Absicht umgingen, Jemanden zu ermorden, ehe sie die Kolonie angriffen.

Das Feuer brannte noch. Die Flammen, welche hoch auflöderten, beleuchteten das Wasser, die Bäume und die Ebene und brachten eine wunderbare Wirkung hervor. Die höchste Spitze der Felsen funkelte wie ein ungeheurer Smaragd und man unterschied deutlich die tättowirten Gesichter der Männer, welche in einem Kreise um das Feuer herum saßen.

Jeder hatte seine Waffe zur Hand und der Schein des Feuers beleuchtete den Federbusch Eines von ihnen, welcher zu den Anderen mit einer Energie sprach, welche den indianischen Kriegern sonst nicht eigen zu sein pflegt.

Danforth war noch zu weit entfernt, um deutlich zu hören, was der Redner sagte. Er trat aus dem dichten Schatten, in welchem er sich bis jetzt gehalten, heraus und näherte sich ohne das mindeste Gefühl von Furcht dem Berathungsfeuer.

Sobald die Indianer ihn gewahrten, erhoben sie sich

rasch und erfüllten die Luft mit unheildrohendem Geschrei. Es war, als wenn eine Rotte von Dämonen bei ihren Saturnalien gestört worden wäre.

Dieses Geschrei erscholl zwei- oder dreimal, und weckte selbst das fernste Echo des unermeßlichen Waldes. Der junge Jäger blieb, erstaunt über diesen seltsamen Lärm stehen; plötzlich aber bemächtigten die Indianer sich seiner und führten ihn vor ihren Häuptling.

Drohend und furchtbar umringte ihn die ganze Schaar, denn Jeder dürstete, den Tod des gemordeten Bruders zu rächen.

Der Jäger begriff, um was es sich handelte. Sein Tod war es, den man beschlossen hatte.

Er erklärte ihnen, daß nicht er es gewesen sei, der das Blut des rothen Mannes vergossen.

Alles aber war vergebens. Ein Krieger des Stammes hatte ihn fünf Minuten vorher, ehe er die Leiche des Indianers gefunden, auf der Höhe des Gebirges gesehen.

Verzweifelt wendete der Jäger sich nun an den Häuptling.

„Bin ich nicht Dein Sohn — der Vater des jungen Häuptlings — ein Mann von Deinem Stamme?" rief er laut und mit Nachdruck.

Das düstere Antlitz des Häuptlings blieb unverändert und er antwortete in seiner Sprache:

„Der rothe Mann hat eine Schlange in seinen

Wigwam aufgenommen, die Krieger werden ihr aber den Kopf zertreten."

Und mit wilder Miene zeigte er auf die harzigen Holzscheite, welche die Wilden in dem Feuer aufthürmten.

Danforth betrachtete die Männer, welche auf diese Weise Anstalten zu seiner Hinrichtung trafen, und der Ausdruck ihrer grollenden Gesichter verrieth, daß sie von Blutdurst erfüllt waren.

Die Flammen stiegen roth in die Luft empor, wo sie funkelnde Regenbogen bildeten, und Tausende von Feuerzungen leckten an den knisternden Tannenästen, welche man zum Scheiterhaufen übereinander gethürmt.

Es war ein furchtbarer Anblick und der Jäger fühlte, wie ihm der Muth zu entsinken begann.

Es dauerte nicht lange, so erhoben die Indianer ein abermaliges Geschrei, packten den jungen Mann und schickten sich an, ihm die Kleider vom Leibe zu reißen, ehe sie ihn opferten.

In ihrer wüthenden Hast rissen sie ihn aus den Händen Derer, die ihn festhielten, und begannen ihm die Kleider auszuziehen, ohne zu beachten, daß seine Arme frei waren.

Er selbst aber vergaß diesen Umstand nicht. Seine ganze Kraft zusammenraffend, versetzte er dem ihm zunächst stehenden Wilden einen Stoß vor die Brust, so daß der Getroffene mitten unter seine blutdürstigen Genossen hineinstürzte; dann entledigte er sich, die hierauf folgende Verwirrung benutzend, seiner Kopfbedeckung und sprang mit einem Satze, gleich einem seinem Käfig entronnenen Tiger, in den See.

Ein lautes Geschrei erhob sich und mehre braune Köpfe spalteten schon im nächsten Augenblicke die Fluthen. Die Indianer verfolgten den Fliehenden.

Zum Glück war gerade jetzt der Mond durch eine Wolke verhüllt. Der Fliehende hielt sich unter dem Wasser, bis er den Schatten erreichte, welcher durch die großen Bäume des Ufers auf den See geworfen ward. Dann steckte er einen Augenblick lang den Kopf heraus und schwamm nach der Mitte des Teiches.

Die List gelang. Der Mond trat plötzlich hinter der ihn bis jetzt verhüllenden Wolke hervor und die Wilden schwammen, einen neuen Ruf ausstoßend, aus Leibeskräften in der Richtung, nach welcher sie die Mütze schwimmen sahen.

Ehe sie jedoch ihren Irrthum bemerkten, hatte Danforth mittlerweile das Ufer erreicht und betrat den Wald in dem Augenblicke, wo die Köpfe der ihn verfolgenden Indianer in das Bereich des Schattens kamen.

Der junge Jäger blieb einige Minuten am Saume des Waldes stehen. Er wußte nicht, welchen Entschluß er fassen sollte.

„Ich sehe, was ich zu thun habe," rief er plötzlich, „es wird meinen Feinden niemals einfallen, mich dort zu suchen!"

Mit diesen Worten ging er in den dicht belaubten

Wald hinein, und nahm die Richtung nach der Straka. Das Geschrei der ihn immer noch verfolgenden Wilden schlug wiederholt an sein Ohr. Er lief mit der Schnelligkeit des Hirsches, der den Jägern entflieht, durch Morast und Gebüsch hindurch und über Felsen hinweg.

So rannte er aus Leibeskräften, bis er seines Wigwams wieder ansichtig ward. Das Geschrei der Indianer hatte aufgehört und er begann zu hoffen, daß sie die Richtung nach der Colonie genommen hätten.

Erschöpft trat er in die Hütte. Das Kind schlief, die Mutter aber wartete unruhig und mit lauschendem Ohr auf die Rückkehr ihres Gatten.

„Malaeska," sagte er, indem er sie an sein lautpochendes Herz drückte, „Malaeska, wir müssen scheiden. Der Stamm verlangt mein Leben, die Krieger verfolgen mich! Sie nähern sich — hörst Du?"

Ein furchtbares Geschrei erscholl in dem nahegelegenen Walde. Danforth machte sich aus den Armen, die ihn umschlungen hielten, los, ergriff eine Keule und schickte sich an, jeden Angriff mit Gewalt abzuwehren.

Malaeska eilte an die Thür und sah gleich einem erschrockenen Reh sich scheu um. Dann kehrte sie an den Pelzhaufen zurück, legte ihr schlafendes nacktes Kind auf den Erdboden, forderte ihren Gatten auf, sich ebenfalls platt auf den Boden niederzulegen und bedeckte ihn dann vollständig mit den Pelzen.

Hierauf nahm sie ihren Knaben in die Arme, legte

sich selbst auf den Pelzhaufen, deckte sich mit einer der Häute zu und that, als ob sie schliefe.

Kaum hatte sie diese Stellung eingenommen, als drei Wilde in die Hütte traten.

Der Eine trug eine brennende Fackel und begann den Entflohenen zu suchen. Während die beiden Andern die armseligen Hausgeräthschaften durchsuchten, näherte er sich der zitternden Indianerin und hob, nachdem er, ohne Etwas zu finden, die Pelze betastet, das Fell empor, welches ihr als Decke diente.

Beim Anblick des sanften Gesichts dieser Frau aber, welche fest zu schlafen schien, und ihres in ihren Armen schlafenden Kindes wagte er nicht seine Nachforschungen noch weiter zu treiben. Wie dem Eindrucke, den die Schönheit der jungen Mutter auf ihn machte, gehorchend, deckte er sie sorgfältig wieder zu, und verließ, nachdem er einige Worte zu seinen Begleitern gesagt, mit diesen die Hütte.

Malaeska verharrte in ihrer Lage, bis sie überzeugt war, daß die Indianer in den Wald zurückgekehrt seien.

Dann erhob sie sich und beeilte sich, ihren Gatten, welcher unter den Pelzen dem Ersticken nahe war, von seiner Last zu befreien.

Als er wieder auf den Füßen stand, gab sie ihm seine Keule in die Hände, nahm ihren Sohn wieder auf die Arme und lenkte ihre Schritte nach dem Eingange der Hütte.

Danforth begriff, daß sie entschlossen war, ihren Stamm zu verlassen und ihn auf seiner Flucht zu begleiten. Er hatte niemals die Absicht gehabt, seine Frau mit unter die Weißen zu nehmen, und jetzt, wo die Nothwendigkeit ihn zwang, sich entweder auf immer von ihr zu trennen oder ihr unter den Seinigen einen Zufluchtsort ausfindig zu machen, war sein Herz von einer Unruhe erfüllt, wie er noch niemals empfunden.

Es war ein furchtbarer Kampf, der zwischen seiner Liebe und seinem Stolze stattfand. Der Gedanke an ihre Schande und an die Verachtung, womit ihre Eltern und ihre Schwestern die Indianerin und ihr halbwildes Kind behandeln würden, drängte sich ihm unwiderstehlich auf. Gleichwohl aber besaß er nicht Seelenstärke genug, um der Demüthigung Trotz zu bieten, welche seine Gefährtin ihm verursachen würde.

Diese Betrachtungen beschäftigten ihn auf peinliche Weise und als seine junge Gattin, auf der Schwelle stehend und die Augen unruhig auf sein Gesicht heftend, sich anschickte, ihm zu folgen, antwortete er in kurzem Tone, denn sein Gewissen machte ihm über sein Zögern bereits Vorwürfe:

„Malaeska, ich werde allein gehen; Du und das Kind, Ihr müßt bei Eurem Stamme bleiben."

Diese Worte brachten auf die arme Indianerin eine ergreifende Wirkung hervor. Sie fühlte, wie alle ihre Kräfte sie verließen, und heftete einen so traurig schmerzlichen Blick auf ihren Gatten, daß ihm sich das

Herz zusammenschnürte. Langsam sank sie, wie nicht im Stande, sich länger auf den Füßen zu halten, auf die Knie nieder, küßte ihrem Gatten die Füße und sagte, indem sie das Kind emporhielt:

„Malaeska wird sterben und der Kleine dann Niemanden haben, der ihn ernährt."

Der schöne Knabe, die knieende, in ihrem Stolze verwundete Mutter, die großen schwarzen Augen, deren Reinheit durch seine Gemüthsangst getrübt ward — alles dies machte einen tiefen Eindruck auf das Herz des jungen Mannes. Seine Brust hob sich, Thränen benetzten seine Wangen und er küßte sein Weib zu wiederholten Malen.

„Malaeska," sagte er zu ihr, indem er sie an seine Brust drückte, „ich muß fort; wenn aber die Sonne sieben Mal untergegangen sein wird, so werde ich in den Wigwam zurückkehren, oder wenn der Stamm mir immer noch nach dem Leben trachtet, so wirst Du das Kind nehmen und in die Colonie hinunterkommen. Dort werde ich sein."

Die Indianerin neigte das Haupt zum Zeichen der Unterwerfung.

„Der weiße Mann ist gut. Malaeska wird kommen," sagte sie.

Er umarmte sie noch einmal und die junge Frau sah sich dann mit ihrem Söhnchen allein.

Die arme Martha Fellows stand frühzeitig auf und erwartete mit fieberhafter Ungeduld die Ankunft ihres Verlobten. Der Morgen verging aber, die Mittagsstunde kam und er zeigte sich nicht. Martha's Herz war traurig und als ihr Vater zum Mittagsmahl nach Hause kam, waren ihre Augen roth und feucht. Eine Wolke verdunkelte ihr schönes Gesicht, in welchem man Schmerz und Gereiztheit las. Sie wollte ihren Vater in Bezug auf Arthur Jones befragen, der alte Colonist hatte aber seine braune irdene Schüssel bereits zweimal mit Maismehl und Milch gefüllt, ohne daß Martha bis dahin gewagt hatte, den Mund zu öffnen.

„Hast Du heute Morgen vielleicht Arthur Jones gesehen?" fragte sie endlich in schüchternem Tone.

Die Antwort, welche sie erhielt, war eine nur zu harte Strafe für ihre thörichte Coquetterie am vorigen Abend.

Arthur Jones hatte die Colonie verlassen. Er war im höchsten Grade aufgebracht gegen sie und hatte ihr weder eine einzige Erklärung geben, noch Lebewohl sagen wollen.

Es war furchtbar. Die kleine Coquette ward schon von dem quälendsten Schmerz gefoltert, als ihr Vater sie noch mehr erschreckte, indem er ihr die Abenteuer erzählte, welche Danforth unter den Wilden bestanden, so wie daß derselbe mit Arthur Jones sich aufgemacht habe, um die nächstgelegene Ansiedelung um Beistand zu bitten.

Der alte Colonist setzte mit unheilverkündender Miene hinzu, daß die Indianer höchstwahrscheinlich sämmtliche

Häuser des Dorfes niedergebrannt und die Bewohner desselben sämmtlich niedergemetzelt haben würden, ehe die beiden wackern jungen Männer mit bewaffneter Hülfe zurückgekehrt wären. Dies war die Angst, welche jeden Bewohner der kleinen Colonie folterte.

Dennoch aber waren diese Befürchtungen vorzeitig. Ein Theil der Indianer war in das Gebirge auf die Jagd gegangen und hatte keine Kenntniß von dem verhängnißvollen Schuß, welcher die Wuth ihrer Brüder erweckt hatte. Und was diese letztern betraf, so hatten sie sich zerstreut und verfolgten, wiewohl vergeblich, Danforth.

Am Nachmittage des fünften Tages, welcher auf die Abreise ihrer Boten folgte, begannen die Weißen jedoch unzweideutige Anzeichen eines nahe bevorstehenden Angriffs zu bemerken.

Diesmal waren ihre Befürchtungen in der That begründet.

Die zur Jagd ausgezogenen Wilden, waren in ihr Lager zurückgekehrt und die, welche den jungen Jäger suchten, trieben sich in der Nähe der Straka herum.

Gegen Abend zeigte sich ein Indianer an der Grenze der Lichtung, wie um die Stellung der Weißen zu beobachten.

Einen Augenblick später ward ein Schuß auf den Engländer, von welchem wir oben gesprochen, in dem Augenblick abgefeuert, wo er aus dem Walde heraustrat, und die Kugel ging ihm durch den Hut.

Die Feindseligkeiten waren sonach eröffnet, dies stand nicht mehr zu bezweifeln. Die Colonisten versammelten sich zu einer feierlichen Berathung und besprachen die Maßregeln, welche sie zu treffen hätten, um ihre Frauen und ihre Kinder zu beschützen.

Die hiernach erforderlichen traurigen Anstalten wurden schnell getroffen. Alle versammelten sich in tödtlicher Furcht um das größte Haus herum. Die Frauen und Kinder schlossen sich in dasselbe ein, während die Männer sich vor demselben aufstellten, fest entschlossen, für die Rettung ihrer Lieben zu sterben.

Plötzlich ließ in der Richtung vom Walde her ein dumpfes Getöse sich vernehmen. Der Erdboden erzitterte unter den Tritten einer Schaar und das Gebüsch bewegte sich, als ob eine Masse von Kriegern durch den Wald hindurch anrückte.

Die vor Schrecken fast erstarrten Frauen schlossen ihre Kinder in ihre Arme und erwarteten den Augenblick des Angriffs.

Die Männer hielten sich, die Büchse in der Hand, bereit, die Wilden zu empfangen. Ihre Augen funkelten und ihre Wangen erblichen jedesmal, wo das Wehklagen der geliebten Wesen, welche sie mit ihrem Schutze deckten, an ihr Ohr schlug.

Das Getöse kam immer näher und ward immer deutlicher. Bald gewahrte man Schatten, welche unter den Buchen entlang schritten, und eine Schaar Männer rückte auf die Lichtung hervor.

Es waren die von William Danforth und Arthur Jones herbeigeholten Weißen!

Die Colonisten erhoben ein lautschallendes Freudengeschrei, legten ihre Kugelbüchsen auf die Erde nieder und eilten alle zusammen den Ankommenden entgegen.

Die Frauen erhoben sich, die Einen weinend, die Andern lachend, wie Wahnsinnige, und Alle drückten ihre Kinder an's Herz, als ob dieselben ihnen auf's Neue geschenkt wären.

Nie wurden Gäste mit größerer Begeisterung empfangen, als die Krieger, welche diese Nacht in den verschiedenen Häusern des Dorfes beherbergt wurden.

Man stellte Schildwachen aus und dann kehrte jeder Familienvater mit drei oder vier Mann von den fremden Colonisten nach Hause zurück.

Aller Herzen waren freudig erregt, nur nicht das der armen Martha Fellows. Sie allein war traurig mitten unter der allgemeinen Freude. Ihr Verlobter hatte nicht mit ihr gesprochen, als sie sich ihm genähert und ihn am Arme berührt hatte.

Anstatt sich, wie er sonst zu thun gepflegt, zu ihrem Vater zu begeben, hatte er die Einladung des Engländers angenommen und war gegangen, um bei diesem zu übernachten.

Dieser selbe Engländer hatte eine Nichte, die in demselben Hause wohnte und in den Augen Einiger, für noch schöner galt, als Martha. Diese dachte jetzt natürlich an Jones und an die blauen Augen der jungen Engländerin und sie empfand nun ihrerseits jenes Gefühl von Eifersucht, welches ihren Geliebten so lächerlich gemacht hatte.

„Ich will — ich will sie alle Beide sehen!" rief sie indem sie sich rasch von dem Stuhl erhob, auf welchem sie gesessen, denn seitdem der Trupp sich zerstreuet hatte, war sie nicht mehr im Stande, gefaßt zu bleiben.

Der Wachsamkeit ihres Vaters, welcher den bei ihm einquartirten fünf fremden Colonisten seine erlebten Jagdabenteuer erzählte, entschlüpfend, trocknete sie ihre Thränen, warf ein großes Tuch über den Kopf, nahm ein Gefäß, als ob sie Etwas darin holen wollte, und verließ das Haus.

Die Wohnung des Engländes war am Rande der Lichtung erbaut und verschwand im Schatten des Waldes.

Martha hatte eben den Eingang des Hauses erreicht, als ein Mann aus dem Hinterhalt im Dickicht heraussprang, sie mit roher Gewalt packte und in der Richtung des Waldes fortschleppte.

Das junge Mädchen zitterte vor Furcht und Angst, denn die funkelnden Blicke, welche sich auf sie hefteten, waren die eines Wilden. Sie konnte keinen Schrei ausstoßen, denn der Indianer schnürte ihr mit seiner eisernen Faust die Kehle zusammen, faßte sie bei den Haaren und wollte sie rücklings auf den Boden niederwerfen.

In diesem Augenblick streifte ihr eine Kugel das Gesicht. Der Wilde packte sie mit krampfhafter Bewegung noch fester, taumelte dann einen Schritt zurück und stürzte der Länge nach nieder, ohne jedoch seine Beute loszulassen.

Die Zuckungen des Todeskampfes ergriffen ihn und sein Blut überschwemmte sein Opfer. Martha fühlte die letzten Schläge seines Herzens.

Endlich sanken die im Tode erstarrenden Arme des Indianers schlaff zur Erde und Martha selbst verlor, auf seiner Leiche liegend, die Besinnung.

Zweites Kapitel.

Der Tod des Jägers.

„Arthur, geliebter Arthur! Wie glücklich bin ich, daß Du es bist, der mir gefolgt ist," murmelte Martha eine Stunde später, nachdem man ihr zu Hülfe gekommen war.

Sie saß jetzt halb liegend in einem Lehnstuhl im Hause ihres Vaters und Arthur Jones neigte sein unruhiges Gesicht auf sie herab.

Er ließ die Hand, die er gefaßt, los und wendete sich mit verstörter Miene ab.

Martha betrachtete ihn und ihre Augen füllten sich mit Thränen.

„Jones," sagte sie in schüchternem, zärtlichem Tone, „Jones, ich habe neulich Abend unrecht gehandelt und ich bereue es. Verzeihe mir."

„Verzeihen will ich Dir, aber niemals, niemals so lange ich lebe, werde ich es vergessen," antwortete er in festem Tone, der zugleich von einem Blick begleitet war, welcher ihr bis in's tiefste Herz ging.

Noch viele Jahre nachher, als Martha Arthur's Weib geworden, erinnerte sie, wenn der Stachel der Eitelkeit sie trieb, der Gefühle ihres Gatten zu spotten, sich dieses Blicks und wagte niemals, ihm zum zweiten Male zu trotzen.

Am nächstfolgenden Morgen bei Sonnenaufgang, rückte eine Schaar Bewaffneter in den Wald.

Diese Schaar bestand aus allen Denen, welche sich von der Colonie entfernen konnten, und belief sich auf ungefähr dreißig Kämpfer.

Die in der Nähe der Straka lagernden Indianer waren noch einmal so zahlreich, die tapfern Weißen aber beschlossen nichts destoweniger ihnen ein entscheidendes Treffen zu liefern.

Als die kleine Schaar nicht weit von dem nördlichen Ende des Sees angelangt war, machte sie Halt, um einen Augenblick auszuruhen.

Der Ort, wo sie stehen blieben, war eben, oder bot wenigstens blos eine nicht sehr bemerkbare Senkung dar.

Einige der Colonisten setzten sich auf den Rasen nieder. Andere beriethen sich, auf die Mündung ihrer Büchse gestützt, über die vorzunehmenden Angriffsbewegungen.

Plötzlich schlug ein Gebrüll gleich dem von tausend wilden Thieren an ihr Ohr und gleich darauf kam eine Rotte Krieger, welche plötzlich aus dem Erdboden aufgetaucht zu sein schienen, von vorn und von hinten auf die kleine Schaar der Colonisten losgestürzt, machte in geringer Entfernung Halt und gab Feuer, indem sie dazu ein abermaliges lautes Geschrei ausstieß.

Die Weißen erwiderten die Salve und es erfolgte nun ein furchtbarer mörderischer Kampf. Das Geschrei der Colonisten erhob sich mitten unter den von den Schußwaffen geschleuderten Blitzen und unter dem Pfeifen der Tomahawks, welche gleich Todesboten die Luft durchschnitten.

Noch lauter hallte der Schlachtruf der Indianer, welcher zuweilen dem Knurren einer Menge Löwen, zuweilen dem Geheul hungriger Wölfe oder dem gellenden Miauen wilder Katzen glich.

Brust gegen Brust und Stirn gegen Stirn rangen der weiße und der rothe Mann in gräßlichem Zweikampf mit einander. Ueber ihren Köpfen neigte sich das Laubwerk unter einer Wolke von Rauch.

Die Baumstämme wurden von den Kugeln und den Tomahawks zerlöchert, welche mehr als einen tödtlichen Streich geführt hatten.

Der Boden war mit Leichen besäet und dennoch dauerte der Kampf mit unerhörter Hartnäckigkeit bis Sonnenuntergang.

Mitten in dem Handgemenge bemerkte man William Danforth. Um ihn herum hatten viele der Wilden in's Gras gebissen und oft war ein Entsetzensschrei auf das Feuer seiner Kugelbüchse gefolgt, welche niemals verfehlte, ihr Ziel zu erreichen.

Endlich jedoch wäre es widersinnig gewesen, sich ihrer noch länger bedienen zu wollen und er näherte sich dem Teiche, um sie in's Wasser zu tauchen.

Er stand am Rande des kleinen Sees, als ein indianischer Krieger, der Häuptling des Stammes in einer Entfernung von wenigen Schritten zum Vorschein kam, ebenfalls in der Absicht, den Lauf seiner Flinte zu kühlen.

Als er dieses Geschäft besorgt hatte, wendete er sich gegen den Weißen, welcher gleichsam sein Sohn gewesen, richtete sich zu seiner ganzen Höhe auf und forderte in der Sprache der Indianer ihn zum Zweikampf heraus.

Beide spannten sofort ihre Büchsen und gaben Feuer.

Die hohe Gestalt des Kriegers taumelte einen Augenblick, dann neigte er sich vorwärts und fiel seiner ganzen Länge nach in den See.

Er versuchte sich emporzuarbeiten. Seine Hände bewegten sich aber vergebens in dem von seinem Blute grötheten Wasser, sein Athemzug ward immer schwächer und einige Minuten später war er todt.

Die Sonne beleuchtete mit ihren letzten Strahlen die kostbare Tracht des im Kampfe gefallenen Häuptlings. Sein langes Haar schwamm auf dem Wasser und die von dem leichten Wind gekräuselten Wogen spielten mit den Federn, aus welchen sein Kopfputz bestand.

Ein wenig weiter hin, am Rande des Sees, lag Danforth ebenfalls tödtlich verwundet. Er hatte auf den Kampfplatz zurückkehren wollen, das Blut floß aber in Strömen aus seiner Wunde und er war ohnmächtig geworden und in hoffnungslosem Zustande auf den Boden niedergesunken.

Die Wilden zogen sich zurück. Das Getöse des Kampfes entfernte sich allmählich und der unglückliche junge Mann blieb mit der Leiche des Kriegers allein. Er machte eine neue Anstrengung und bemächtigte sich der Kugelbüchse, welche dem Häuptling gehörte. Obschon ihn der Blutverlust außerordentlich ermattet, lud er sie eben so, wie die seinige. Dann legte er beide neben sich, denn er war, trotzdem daß er fühlte, wie die Schläge seines Herzens immer langsamer wurden, fest entschlossen, das wenige Leben, welches ihm noch blieb, bis zum letzten Hauche zu vertheidigen.

Die Sonne ging langsam unter. Das Abenddunkel breitete sich über den See, wie ein dichter Schleier und William Danforth lag verwundet und ohne Beistand in vollständiger Einsamkeit da.

Ernst und traurig waren die Gedanken des Unglücklichen, als so diese Nacht der Angst sich auf ihn herabsenkte.

Sein Herz war erfüllt von banger, seltsamer Furcht beim Anblick der finstern Pforten der Ewigkeit, welche im Begriff standen, sich ihm zu öffnen.

Mit Bitterkeit dachte er an die Indianerin und ihr

Kind, das Unterpfand einer unermeßlichen Liebe, um deren willen er seine Familie und seine Landsleute verlassen hatte.

Der Mond ging auf und die dichten Schatten des Baums, in dessen Nähe er lag, breiteten sich wenige Schritte von ihm entfernt aus, gleich den Schwingen eines ungeheuern Vogels. Mit unmerklicher Bewegung aber in regelmäßiger, sicherer Weise rückten sie allmählich näher.

Die Augen des Sterbenden hefteten sich mit gespannter Aufmerksamkeit auf den Rand dieses Schattens. Es lag in dem schweigenden unaufhaltsamen Gange desselben etwas Erschreckendes und Danforth versuchte, sich ihm zu entziehen, als ob es ein lebendes Wesen gewesen wäre.

Bei jeder Bewegung aber, die er machte, um sich zu entfernen, quollen neue Blutströme aus seiner Wunde und seine Hände wühlten krampfhaft in dem durchnäßten Rasen.

Seine Augen glänzten in dem hellen Mondschein und verriethen die Unruhe, welche seine Einbildungskraft ihm verursachte.

Der Schatten, auf welchen er die Augen geheftet hielt, war für ihn nicht mehr ein Schatten, sondern eine ungeheure Schlange, welche sich heranringelte, um ihn zu umschlingen.

Zuweilen wieder glaubte er, ein von unsichtbaren

Geistern getragenes Leichentuch zu sehen, das ihn bald für immer bedecken würde.

Schon kam es ihm vor, als berührte dieses Tuch langsam seine feuchte Stirn und seine brennenden Augen. Seine Zähne öffneten sich, seine Hände ließen die Rasenbüschel los und ein sanftes Lächeln umspielte seine bleichen Lippen, als er die kalte Berührung des Leichentuchs zu fühlen glaubte.

In diesem selben Augenblicke mischte der Schatten eines menschlichen Wesens sich mit dem des Baumes und das Wimmern eines Kindes unterbrach die Stille der Nacht.

Der sterbende Jäger machte eine Anstrengung und rief:

"Malaeska! — Ma — Mala —"

Die arme Indianerin hörte seine Stimme und indem sie ihrerseits einen Ruf zugleich der Freude und der Angst ausstieß, kam sie auf ihn zugeeilt.

Sie setzte ihren Knaben auf den Rasen, drückte das Haupt ihres Gatten an ihre Brust und einen Kuß auf seine in Schweiß gebadete Stirn.

Der Unglückliche ward von einer grausamen Unruhe gefoltert.

"Malaeska!" sagte er, indem er sie mit seinen Armen zu umschlingen versuchte, "mein armes Kind, was wird aus Dir werden? Ach, mein Gott, wer wird nun für meinen Sohn sorgen?"

Die Indianerin strich ihm das Haar von der feuchten

Stirn und betrachtete traurig sein Gesicht. Ein Schauer durchrieselte ihre Glieder. Als sie allmählich die eisigen Schatten des Todes sich über das Gesicht des Sterbenden breiten sah, begannen ihre schwarzen Augen zu funkeln; ihr Mund gewann einen Ausdruck, der noch bezaubernder war, als ein Lächeln, und indem sie mit ihrer kleinen Hand nach Westen zeigte, ließ sie ihrem Herzen Fluthen von Poesie entströmen, denn sie war von den religiösen Ideen ihres Volks begeistert.

„Das Jagdrevier des Indianers," sagte sie, „ist dort unter den Wolken des Abendroths. Dort leuchten die Sterne und ihr Glanz erscheint wie die Gebirge in den Wäldern. Die Bäume, welche wir lieben, geben dort das ganze Jahr ihren wohlthätigen Saft und das Fell des Dammhirsches ist weich, denn er weidet unter Gebüschen, welche mit goldenen Blüthen und kostbaren Beeren bedeckt sind. Ein See mit klarem und durchsichtigem Wasser erfrischt jenen Ort. Das Canoe des Indianers gleitet auf seiner Fläche, wie der Vogel am frühen Morgen die Luft durchschneidet. Der Westen hat die Finsterniß verscheucht und ein großer Häuptling hat ihn durchwandelt. Dieser Häuptling wird die Wolken entfernen, welche sein weißer Sohn auf der Stirn des großen Geistes aufgethürmt hat. Malaeska und ihr Sohn werden ihm folgen. Das Blut des rothen Mannes fließt in ihren Adern und die Straße ist offen. Der See ist tief und der Pfeil ist spitzig; der Tod wird kommen, sobald Malaeska ihn ruft. Die Liebe wird ihre Stimme wohllautend machen in dem Reiche des Großen Geistes; der weiße Mann wird sie hören und er wird sie zu sich rufen, um sie auf's Neue an sein Herz zu drücken."

Ein schwaches, wehmüthiges Lächeln spielte auf dem Gesicht des sterbenden Jägers und sein Gesicht zitterte von einer Bewegung, die durch einen Schmerz verursacht ward, aber nicht der des Todes war.

"Mein armes Kind," sagte er, indem er ihr schönes Gesicht seinen Lippen näherte, "es giebt kein solches Jagdrevier, wie Du Dir vorstellst. Die Weißen haben einen andern Glauben. Ach mein Gott," setzte er nach einer Pause erschrocken hinzu, "ich habe ihr ihren Glauben geraubt, ohne ihr einen andern dafür zu geben!"

Die Indianerin senkte das Haupt. Die ganze Poesie ihrer Religion war durch die Worte des Jägers vernichtet und ein peinliches Gefühl von Traurigkeit bemächtigte sich ihrer. An seine Brust gelehnt, sagte sie sich, daß er sie verlassen werde, und sie wußte nicht, wohin er ginge und ob ihre Trennung eine ewige sein würde.

Der weiße Mann bewegte die Lippen und murmelte ein Gebet.

"Verzeihe mir, Vater der Barmherzigkeit," sagte er, "verzeihe mir, daß ich diese Unglückliche in verdammlicher Unwissenheit gelassen."

Und er fuhr fort, Worte zu stammeln, die man nicht verstand.

Nach Verlauf von einigen Minuten richtete er die Augen auf das Gesicht der Indianerin und seine Augen gewannen einen Ausdruck unaussprechlicher Liebe.

„Malaeska," sagte er, „sprich mir nicht davon, daß Du mit dem Kinde sterben willst. Es wäre dies ein schweres Unrecht und Gott würde Dich dafür strafen. Um mich in der andern Welt wiederzufinden, Malaeska, mußt Du den Gott der Weißen lieben lernen und geduldig warten, bis er Dich zu sich ruft. Wenn ich nicht mehr bin, wirst Du nicht zu Deinem Stamme zurückkehren. An der Mündung des großen Flusses liegt ein Dorf, welches von Weißen bewohnt ist, unter welchen sich auch mein Vater und meine Mutter befinden. Du wirst dieselben aufsuchen. Du wirst ihnen mittheilen, daß ihr Sohn nicht mehr am Leben ist, und Du wirst sie bitten, um meinetwillen Dich und unser Kind zu lieben und werth zu halten. Du wirst ihnen sagen, wie innig ich Dich geliebt habe, mein armes Kind; Du wirst hinzufügen — ich kann nicht mehr sprechen — In der Colonie da drüben wohnt ein junges Mädchen, welches Martha Fellows heißt. An diese wirst Du Dich wenden. Sie kennt Dich und sie hat Papiere — einen Brief an meinen Vater. Ich erwartete nicht, in diesem Kampfe zu fallen, hatte aber gleichwohl für alle Fälle gewisse Bestimmungen getroffen. Du wirst Dich also an dieses Mädchen wenden; versprich es mir, während ich Dich noch verstehen kann."

Malaeska hatte bis jetzt noch keine Klage ausgesto=

ßen, ihre Stimme ward aber von Schluchzen unterbro=
chen und Thränen rannen aus ihren Augen auf die
Stirn des Sterbenden herab, während sie ihm das ge=
forderte Versprechen gab.

Er machte eine Anstrengung, um ihr zu danken,
aber diese Anstrengung verrieth sich nur durch ein leich=
tes Lächeln und durch das Zittern seiner bleichen Lippen.

„Küsse mich, Malaeska," sagte er.

Er sprach diese Worte mit einer Stimme, die so
schwach war, wie der Hauch des Windes.

Malaeska hörte sie jedoch. Mit einer Bewegung
der Liebe und zugleich des Schmerzes schmiegte sie sich
an sein Herz und drückte ihre Lippen auf die seinigen,
als ob sie sein Leben dem Tode streitig machen wollte.
Sein Mund blieb aber kalt unter ihren Küssen und er
lies ihre Hand los.

„Das Kind, Malaeska!" sagte er. „Ich will mei=
nen Sohn sehen."

Der Knabe spielte neben seiner Mutter, indem er
auf Händen und Knicen kroch. Er setzte sich und hef=
tete seine großen schwarzen Augen auf den weißen
Mann.

Malaeska hob ihn empor und instinctartig schlang
er seine kleinen Arme um den Hals des Sterbenden,
indem er zugleich seine Wangen den seinigen näherte.

Der Vater bewegte schwach die Hände, als ob er
den Kleinen umarmen wollte, blieb aber gleich darauf
wieder unbeweglich.

Nach Verlauf von einigen Minuten, fühlte der Knabe, wie die Wangen des Mannes kalt wurden.

Er richtete den Kopf empor und betrachtete mit Ueberraschung die erstarrten Züge seines Vaters. Dann sah er seine Mutter an.

Auch diese beobachtete das Gesicht des Todten und ihre Augen hatten den Ausdruck unaussprechlicher Trauer.

Der Knabe wußte nicht, was er denken sollte. Noch einmal legte er die Hand auf das Gesicht seines Vaters, fuhr dann zurück, barg das Gesicht in dem dichten Haar seiner Mutter und fing an zu weinen.

Der Tag brach über dem kleinen See an, ruhig und schweigend, als ob nur die Blumen, welche sein Ufer schmückten, für die Morgenfrische empfindlich wären. Dennoch war unter den Bäumen der frische Rasen mit seinen weißen Blümchen niedergetreten und der Boden hier und da von dem Blute eines Menschen geröthet. Das sanfte Licht der Sonne spiegelte sich in den ruhigen Fluthen und spielte heiter in den Aesten der Schierlingstanne, welche den leblosen Krieger beschattete.

Der Morgenthau bedeckte seine Kleider und die an seinem braunen Haar hängenden Tropfen schimmerten wie eben so viele Perlen.

Das grüne Moos in seiner Nähe, war mit Blut besudelt und die Blässe des Todes hatte sein Gesicht überzogen.

Er war aber nicht allein.

Auf demselben Moosbette lag auch die Leiche des gefallenen Häuptlings.

Dieser Leichnam war geschmückt, als ob er in den Sarg gelegt werden sollte. Das Haar war abgetrocknet und ein sorgfältig zusammengesetzter Kranz von zerbrochenen Federn umschloß seine von der Luft gebräunten Schläfe.

Ein wenig weiter hin, auf einer von hellbunten Blumen geschmückten Anhöhe vertrieb ein schöner Knabe sich die Zeit damit, daß er die Vögel betrachtete, welche über seinem Kopfe hinwegflogen. Er pflückte Blumen und erhob zuweilen einen lustigen Ruf, gerade als ob der Tod und der Schmerz nicht in seiner unmittelbaren Nähe verweilten.

Malaeska saß neben der Leiche des Jägers. Ihre Arme hingen traurig und schlaff herab, ihr langes Haar ruhete aufgelöst und verworren auf dem Moose und sie neigte das Haupt auf die Brust herab, als ob die Wucht ihres Kummers sie zermalmen wollte.

So saß sie ohne Bewegung, verloren in ihren Schmerz, bis die Sonne die Hälfte ihres Laufs zurückgelegt hatte.

Ihr Knabe hatte Hunger; des Spielens überdrüssig, hatte er schon mehrmals verlangt, daß ihm unter den Blumen ein Lager zum Schlafen bereitet werde, seine Mutter aber hatte ihn nicht gehört. Ihr Herz und alle ihre körperlichen und geistigen Kräfte und Fähigkeiten waren wie vernichtet.

Am Abend, als der Mond aufgegangen war, grub die indianische Wittwe mit eigenen Händen am grünen Ufer des Sees ein Grab. In dieses bettete sie ihren Vater und ihren Gatten neben einander und bedeckte sie mit Erde.

Dann nahm sie den armen Kleinen, welcher vom Hunger gequält ward, auf die Arme und lenkte mit gebrochenem, zerrissenem Herzen ihre Schritte nach der Straka.

Drittes Kapitel.

Der Großvater.

Martha Fellows und ihr Verlobter waren am Morgen nach dem Tage des Kampfes mit den Indianern allein in dem Hause des alten Colonisten. Beide waren bleicher als gewöhnlich und um das Schicksal ihres kleinen Dorfes zu sehr besorgt, als daß sie froh und ruhig miteinander zu plaudern im Stande gewesen wären.

Martha's Vater war als Schildwache an den Saum des Waldes gestellt worden.

Während sie schweigend neben einander sitzend aufmerksam horchten, sich bei der Hand gefaßt hielten, und einander gedankenvoll ansahen, vernahm man einen Schuß von der Richtung her, wo der alte Colonist postirt worden.

Beide sprangen sofort auf und Martha schmiegte sich, vor Schrecken und Angst keuchend, an ihren Verlobten.

Dieser zwang sie, sich nieder zu setzen, ergriff seine Büchse und eilte vor das Haus hinaus.

Es dauerte nicht lange so näherten sich Tritte. Man unterschied die Stimme des alten Fellow's, mit welcher sich die sanften Töne einer sich nur mit Mühe ausdrückenden Frauenstimme und das klagende Weinen eines Kindes mischten.

Jones blieb erstaunt über diese seltsamen Töne stehen und bald verdunkelte eine sonderbare Gruppe das Licht, welches aus der Thür des Hauses fiel.

Es war Fellows, welcher eine schreckenbleiche Indianerin stützte, und vor sich herschob.

Das Licht beleuchtete ihre malerische Tracht und man sah die schwarzen lebhaften Augen des Knaben blitzen, den sie auf ihren Rücken trug, und welcher stumm vor Furcht und erschöpft von Ermüdung und Hunger, den Hals seiner Mutter mit seinen kleinen Armen umschlungen hielt.

„Na, nur Muth gefaßt, Du kleines Stachelschwein! Und Du kleines Weibchen mit rother Haut, vorwärts! vorwärts! Wir werden Dir ebensowenig wie Deinem Buben etwas zu Leide thun, und Du brauchst daher nicht zu zittern. Vorwärts! vorwärts! Du wirst in diesem Hause Martha finden und Dich gegen sie näher erklären, wenn Du nämlich so viel schlechtes Englisch zusammen bringen kannst, als nothwendig ist, um ihr zu sagen, was Du willst."

Mit diesen Worten trat der rauhe, aber gutmüthige

alte Colonist in das Haus, während er Malaeska und ihren Sohn vor sich herschob.

„Martha," sagte er, nachdem er eingetreten war, „ums Himmelswillen, warum siehst Du so bleich aus? Du hast von dieser Frau nichts zu fürchten, sie ist völlig harmlos. Sieh, ob Du errathen kannst, was sie begehrt. Sie wird Dir sonderbarere Dinge sagen, als Du jemals in Deinem Leben gehört. Wie es scheint, habe ich sie ein wenig zu scharf angeredet, denn sie betrachtet mich, wie ein verwundetes Reh den Jäger."

Als die Indianerin den Namen des jungen Mädchens hörte, in dessen Nähe man sie geführt, machte sie sich sofort von den Händen des alten Colonisten los, und näherte sich mit schüchternem Schritt dem Stuhl, auf welchem Martha saß.

„Der weiße Mann hat dem jungen Mädchen Papiere anvertraut. Malaeska bittet blos um diese Papiere," sagte sie, indem sie ihre kleinen Hände faltete und die Stellung einer Betenden annahm.

Martha ward bleich und erhob sich.

„Dann ist es also wahr!" rief sie mit schmerzlicher Ueberraschung. „Der unglückliche Danforth ist nicht mehr, und diese beiden armen Geschöpfe, seine Wittwe und sein Kind, wenden sich an mich. O, Jones, diese waren der Gegenstand seines Gesprächs mit mir an jenem Abend, wo Du so böse auf mich wurdest. Ich konnte Dir nicht sagen, wovon wir sprachen. Ich wußte schon längst, daß er eine Indianerin geheirathet. Er schien gleichsam eine Ahnung von seinem Tode zu haben und er mußte daher Jemanden sein Vertrauen schenken. Das letzte Mal, wo ich ihn sprach, übergab er mir einen schwarzgesiegelten Brief, indem er mich zugleich für den Fall, daß er in dem Kampfe fiele, aufforderte, seine Frau aufzusuchen und sie zu bereden, mit diesem Briefe zu seinem Vater zu gehen. Jetzt kommt sie von selbst, um mir diesen Brief abzuverlangen; wird sie aber auch den Weg nach Manhattan finden?"

„Malaeska weiß, in welcher Richtung das Wasser fließt, und sie wird den großen Fluß hinunterfahren. Gebet ihr die Papiere und sie wird sich sofort auf den Weg machen," entgegnete die Indianerin in bittendem Tone.

„Erst sagt uns," bemerkte Jones indem er sich mit dem Ausdruck des Wohlwollens zu Malaeska wendete, „ob die Indianer unsere Gegend verlassen haben, oder ob wir fürchten müssen, nochmals von ihnen angegriffen zu werden."

„Die weißen Männer haben nichts zu fürchten," antwortete sie. „Seitdem der große Häupling todt ist, hat der Rauch der Wigwams sich entfernt und der ganze Strom ist über das Gebirg gezogen. Malaeska ist allein."

Es lag in der bildlichen Ausdrucksweise der armen Indianerin etwas so Rührendes, daß die kleine Gruppe der Zuhörer davon tief ergriffen ward, und Allen die Thränen in die Augen traten.

„Ihr verdient, daß man sich für Euch interessirt," rief Fellows, indem er die Hand an sein Gesicht legte, um sich die Thränen zu trocknen. „Ihr werdet hier bleiben und mit uns leben. Gott wird uns beistehen. Die Sache ist abgemacht. Aus Euerm Knaben werde ich einen Farmer machen und wette das beste Hasenfell, daß er die Heerden besser treiben lernen wird, als die jungen Holländer, welche wir hier haben."

Malaeska verstand nicht vollkommen den Sinn der Worte des vortrefflichen Jägers, es lag aber in seinem Ton und in seinem Blick ein Ausdruck von außerordentlichem Wohlwollen, und sie sah, daß er ihr beizustehen wünschte.

„Als der Vater des Kindes starb," antwortete sie, „trug er Malaeska auf, zu den Seinigen zu gehen, sie werden ihr den Gott des weißen Mannes kennen lehren. Gebt ihr die Papiere und sie wird gehen. Ihr Herz wird erfüllt sein von Dankbarkeit, wenn sie sich der guten Worte und der liebenswürdigen Blicke der weißen Häuptlinge und des jungen Mädchens mit dem schönen Haar erinnert."

„Malaeska hat ein Versprechen zu erfüllen, welches sie dem Sterbenden gegeben. Wir dürfen Sie daher nicht zurückhalten," sagte Jones.

Die Indianerin wendete sich lebhaft und mit Thränen der Dankbarkeit gegen den Mann, welcher gesprochen, und Martha zog, indem sie sich ihrem Bett näherte, unter dem Kopfkissen desselben den Brief hervor, welcher ihr zur Aufbewahrung anvertraut worden.

Die Indianerin ergriff denselben mit zitternder Hand, drückte ihn mit Inbrunst an ihre Lippen und barg ihn dann in ihren Busen.

"Das weiße Mädchen ist gut," sagte sie. "Lebt wohl."

Mit diesen Worten wendete sie sich nach der Thür.

"Wartet. Ihr werdet mehre Tage brauchen, um nach Manhattan zu gelangen. Nehmt einige Lebensmittel mit, sonst müßt Ihr unterwegs des Hungers sterben," sagte Martha in mitleidigem Tone.

"Malaeska hat ihren Bogen und ihre Pfeile, und sie weiß sich derselben zu bedienen, sagt aber dem weißen Mädchen ihren Dank. Nur ein Stück Brod bedarf sie für den Knaben. Er hat oft nach seiner Nahrung geschrieen, die Brust seiner Mutter war aber nur mit Thränen gefüllt, und sie hatte ihm nichts zu geben."

Martha eilte in ein Nebengemach und brachte ein großes Stück Brod und eine Tasse Milch herbei.

Als der Knabe letztere erblickte stieß er einen kurzen Schrei aus, und faßte seine Mutter fest um den Hals.

Martha hielt ihm die Tasse an die Lippen und konnte nicht umhin, durch ihre Thränen hindurchzulächeln, als sie sah, mit welcher Begierde er das Getränk verschlang.

Sie merkte auch, mit welcher Befriedigung seine

großen schwarzen Augen sich auf sie hefteten, während er trank.

Als die Tasse leer war, ließ er einen Seufzer des Behagens hören, und lehnte seinen Kopf schläfrig an die Schulter seiner Mutter.

Die Augen der Indianerin funkelten vor Freude und aus ihrem Gesicht leuchtete ein Ausdruck von Glück. Sie machte eins ihrer Armbänder los und legte es in Martha's Hand.

Einen Augenblick später war sie in dem Abenddunkel verschwunden.

Der wackere Jäger eilte ihr nach und forderte sie mit lauter Stimme auf, zurückzukommen, aber sie lief mit der Schnelligkeit einer Sylphide, und er war noch nicht völlig aus dem Dorfe hinaus, als sie schon das Ufer der Bai erreicht hatte.

Sie band ein in dem Gebüsch des Strandes versteckt liegendes Canoe los, stieg hinein und begann dann mit der Strömung den Hudson hinabzufahren.

Viele Tage lang glitt während der Nacht und während des Morgens das gebrechliche Fahrzeug die Fluthen entlang, bald durch romantische Gebirgsgegenden, bald durch fruchtbare ebene Strecken, welche einem unermeßlichen Park glichen.

In den erhabenen Werken des Schöpfers lag Etwas, was dem betrübten Herzen der Indianerin Trost brachte. Sie dachte fortwährend an die Worte, welche ihr Gatte vor seinem Tode gesprochen, und sie stellte sich jenen

Wohnsitz der Geister vor, wo sie ihn, wie er ihr versichert, wiedersehen sollte.

Der wechselnde Anblick der Landschaften, die Strahlen der Sonne, welche auf dem Laubwerk glänzten, die dichten Schatten, welche von beiden Seiten die Wälder und die Felsen warfen dies erregte ihre naive Einbildungskraft, und sie hörte nicht auf, das, was sie sah, mit dem Himmel zu vergleichen, von welchem sie sich einen Begriff zu machen versuchte. Zuweilen kam es ihr vor, als brauche sie nur die Augen zu schließen und wieder zu öffnen, um sich in der Gegenwart des Mannes zu sehen, welchen sie verloren hatte.

In der feierlichen Bewegung des Wassers, in dem Geräusch der von dem Winde bewegten Blätter lag eine Harmonie, welche das Herz der armen jungen Wittwe erquickte, wie die Stimme eines Freundes.

Ihre Stirn glättete sich, wenn sie das freudige Gelächter ihres Knaben hörte, und wenn sie ihn auf dem Bett von Pelzwerk, welches sie ihm auf dem Boden des Canoe bereitet, in den Schlaf lullte, hallte ihr sanfter, klagender Gesang in die Fluthen, gleich dem des wilden Vogels, welcher vergebens seine Genossin sucht.

Am Ufer legte Malaeska nur an, um wildwachsende Früchte zu pflücken, und zuweilen um einen Vogel zu erlegen, den ihr Pfeil nur selten verfehlte. Sie zündete dann ein Feuer an, und briet die erlegte Beute in irgend einer schattigen Bodenvertiefung unweit des Flusses.

5*

Während sie dies that, lag das Canoe festgebunden und der Knabe spielte auf dem Rasen. So oft eine Schaar Vögel über seinem Kopfe dahin flatterte, stieß er ein Freudengeschrei aus, und wenn er die Insecten sich summend auf die rings herumstehenden Blumen stürzen sah, um den Saft derselben zu saugen, klatschte er in die Hände.

Die Reise der armen Indianerin ging außerordentlich gut von statten. Niemals glaubte ein Christ an die heilige Schrift mit festerer Ueberzeugung, als sie an die Verheißung ihres Gatten glaubte, und sie erwartete ganz bestimmt, ihn in der andern Welt wiederzufinden. Sein Geist schien fortwährend bei ihr zu sein und in den Augen ihrer so poetischen Einbildungskraft schien diese Fahrt auf dem prächtigen, majestätischen Flusse sie in den Himmel des weisen Mannes zu führen.

Mit von diesem süßen und seltsamen Gedanken erfüllten Herzen betrachtete sie mit Genuß die Berge, welche zu beiden Seiten des Flusses emporragten, eben so wie die Bäume der Wälder mit dem so dichten und buntfarbigen Laubwerk, und sie vergaß endlich ihren Schmerz wenigstens auf einige Augenblicke.

Sie war jung und stark und Alles, was sie sah, war schön und imposant. Ihr Herz erschloß sich der Sonne, wie eine Blume, welche den Hauch des Sturmes zur Erde niedergebeugt hat, ohne sie zu zerknicken. —

Einen Theil des Tages hindurch überließ sie sich

den Träumen ihrer Phantasie. Ihr Geist war zu diesen wohlthuenden Betrachtungen durch die tausend harmonischen Töne geführt, welche vom Morgen bis zum Abend die Luft erfüllten.

Auch während der langen Nächte war dies der Fall, wo in der Natur Alles ruhete, mit alleiniger Ausnahme der Bewegung der Wellen.

Bei Tagesanbruch begrüßten die Vögel mit ihren Gesange die Rückkehr der Sonne, und weckten Malaeska.

Gegen Mittag machte sie im Schatten einer Uferhöhe Halt, oder steuerte in eine kleine Bucht hinein, um einige Stunden lang auszuruhen.

Wenn die Sonne beim Untergang den Fluß purpurn färbte, wenn die Berge auf beiden Ufern jene Röthe gewannen, welche sie einem mit dem Blut zweier feindlichen Heere bedeckten Schlachtfelde ähnlich machte, wenn der Knabe eingeschlafen war und die Sterne am Himmel ihre geräuschlose Bahn wandelten — dann entrang sich den Lippen der Mutter eine sanfte Melodie, gleich den Gesang der Nachtigall. Ihr Auge ward lebhafter, ihre Wangen rötheten sich und sie begleitete die wohllautenden Töne ihrer Stimme mit der Bewegung des Ruders.

Das Canoe flog über die Wogen hin, welche einen Blumenkorb zu tragen schienen, und sich bei Annäherung der Nacht mit Nebel bedeckten.

So war Malaeska mehre Tage lang den Fluß

hinabgerudert, als die spitzen Dächer und die hohen Schornsteine von Manhattan vor ihren Augen auftauchten. —

Die Stadt erhob sich in der Mitte ihrer unermeßlichen Bai und man erblickte gleichzeitig den Wald, welcher die noch nicht urbar gemachten Puncte der Insel bedeckte.

Die junge Indianerin betrachtete dieses Gemälde mit einem Anflug von Furcht. Sie lenkte ihr Canoe an der Küste von Hoboken in einen Ufereinschnitt hinein und ihr Herz ward traurig, als sie sich fragte, wie sie sich ihrer Mission entledigen sollte.

Sie zog den Brief aus ihrem Busen, Thränen traten ihr in die Augen und sie küßte das Papier mit einem Gemisch von Schmerz und Bedauern, als ob sie im Begriff stünde, sich für immer von dem Freunde zu trennen.

Dann faßte sie ihren Knaben in die Arme und hielt ihn lange fest an sich geschlossen. Ihr Schluchzen verdoppelte sich dann und es ward ihr unmöglich, ihre Furcht noch länger zu bemeistern.

Bald jedoch beruhigte sie sich wieder. Sie legte ihren Sohn am Rande des Wassers auf die Erde nieder, wusch ihm Gesicht und Hände, glättete ihm dann mit der Hand sein schwarzes Haar, so daß es glänzend ward, wie der Fittig eines Raben. Durch einen Gürtel hob sie den Glanz seines kleinen, rothen Kittels und nachdem sie auf diese Weise seine Toilette besorgt, verließ sie den Ufereinschnitt und steuerte das Canoe langsam nach der Mündung des Flusses.

Ihre Augen schwammen in Thränen, und als ihr kleiner Sohn mit leiser Stimme zu ihr sprach und sie durch seine kindlichen Liebkosungen zu trösten suchte, fing sie an zu schluchzen und ruderte dann mit neuer Kraft weiter.

Es war für die phlegmatischen Bewohner von Manhattan ein seltsames Schauspiel, in ihren Gassen Malaeska in ihrer Nationaltracht und mit dem festen entschiedenen Gange der Leute ihres Volkes einherwandeln zu sehen.

Ihr Haar fiel in langen Flechten auf ihre Schulter herab und das Ende jeder Flechte ward durch eine kleine Quaste von rothen Federn gebildet. Auch ihr schöner Kopf war mit einem Federputz geschmückt. Ihr Gewand war mit Beeren von schön bunter Farbe verziert.

In der Hand hielt sie einen Bogen von außerordentlich schöner Arbeit und ihr kleiner Sohn hing in einem scharlachrothen Tuche an ihrem Halse.

Ihr rascher Blick heftete sich nach der Reihe auf die Gegenstände, welche sich ihr darboten und die ihr seltsam vorkamen.

Der Knabe hatte einen seiner kleinen Arme um den Hals seiner Mutter geschlungen und er stützte sich zugleich auf die gefiederten Pfeile, welche den an ihrer linken Schulter hängenden Köcher füllten.

Die schüchternen unruhigen Blicke der jungen Frau

bildeten einen auffallenden Gegensatz zu denen ihres Sohns. Sie hatte im hohen Grade das Zartgefühl und die Gewohnheiten ihres Gatten angenommen und die kecke Dreistigkeit der Vorübergehenden machte sie verlegen. Sie erröthete vor Scham und versuchte ihre Worte auf Englisch zu stammeln, als sie sah, daß mehre Personen, welchen sie den Brief zeigte, ihren Weg fortsetzten, ohne ihr zu antworten.

Sie wußte nicht, daß diese Leute einer andern Nation angehörten, als ihr verstorbener Gatte und daß sie eine andere Sprache redeten, als die, welche ihr die Liebe gelehrt.

Endlich redete sie einen alten Mann an, dem es gelang, ihr Kauderwelsch zu verstehen. Er las die Adresse des Briefes und sah, daß derselbe an seinem Herrn, John Danforth, den reichsten Pelzhändler in Manhattan adressirt war.

Der alte Diener führte Malaeska sofort nach einem großen Hause von unregelmäßiger Bauart in der Nachbarschaft des Stadttheils, welcher jetzt Hannover-Square heißt.

Malaeska folgte ihm mit raschem Schritt. Ihr Herz war getröstet. Sie fühlte, daß sie einen Freund in dem gefälligen Greise gefunden, der sie nach der Wohnung des Vaters ihres Gatten geleitete.

Der Diener trat in dieses Haus und führte die Indianerin in ein großes Zimmer mit Wandgetäfel von Eichenholz und mit Fenstern, deren kleine Scheiben von grünlichem Glas waren. Mehre vortreffliche Gemälde aus der niederländischen Schule hingen über dem Kamin, welcher mit kostbarer Schnitzarbeit, ebenfalls von Eichenholz, verziert war.

Ein Teppich, zu jener Zeit ein Luxusgegenstand, bedeckte einen großen Theil des Fußbodens und das Mobiliar hatte einen gewissen Werth, obschon es nicht gerade elegant genannt werden konnte.

Ein Mann von hohem Wuchse und harten Zügen saß in einem Lehnstuhle, an einem der schmalen Fenster. Er durchlief eine Menge Papiere, die er soeben mit dem letzten von London eingelaufenen Kauffahrteischiff erhalten.

In kurzer Entfernung von ihm saß eine schwächlich gebauete Frau von etwa fünfzig Jahren, mit einer Näharbeit beschäftigt. Ihr Arbeitskörbchen stand auf einem kleinen Tische vor ihr, und daneben lag ein Gebetbuch.

Der Diener hatte die Absicht, den seltsamen Besuch anzumelden, aber Malaeska, welche diesen Mann aus den Augen zu verlieren fürchtete, folgte ihm dicht auf dem Fuße und trat, ihren Knaben an der Hand haltend, unmittelbar hinter ihm in das Zimmer.

„Eine Frau, Mynherr — eine Indianerin mit einem Brief," sagte der Diener verlegen, indem er die Fremde zugleich durch eine Geberde bedeutete, sich im Hintergrund zu halten.

Malaeska war aber schon ganz in der Nähe des

alten Kaufmanns, und heftete dreist die Augen auf ihn, als er, seine Papiere im Augenblick vergessend, den Kopf emporrichtete.

Es lag etwas Kaltes in seinem Blick, während er die Indianerin durch seine Brille betrachtete.

Malaeska schauderte; ihr Herz wallte über und sie wendete sich mit rührendem Ausdruck zu der alten Dame.

Diese hatte eins jener Gesichter, welche selbst den Kindern Vertrauen einflößen müssen, und der Ausdruck ihrer Züge war sanft und gut,

Malaeska's Gesicht klärte sich auf, als sie sich der guten Dame näherte. Sie überreichte ihr den Brief, ohne ein Wort zu sprechen, aber man sah ihr Herz unter ihren dichten Kleidern schlagen und ihre Hand zitterte in dem Augenblick, wo sie das kostbare Papier überreichte.

„Das Siegel ist schwarz," sagte die Dame, indem sie bleich ward, und den Brief ihrem Gemahl übergab. „Dennoch aber ist es seine Handschrift," setzte sie mit gezwungenem Lächeln hinzu. „Wenn er krank wäre, so würde er uns nicht. selbst geschrieben haben."

Sie sprach diese Worte nur mit Zögern, denn eine bange Ahnung bedrückte ihr Herz.

Der reiche Pelzhändler lehnte sich bequem in seinen Sessel zurück, rückte die Brille auf seiner Nase zurecht und erbrach den Brief.

Seine Gattin wendete, während er las, kein Auge

von ihm. Sie sah, daß er bleich ward, seine hohe schmale Stirn runzelte sich und der Ausdruck seines Mundes ward noch härter als gewöhnlich. Sie begriff, daß ein Unglück ihren Sohn betroffen hätte — ihren einzigen Sohn, und sie stützte sich auf einen Stuhl, um nicht umzusinken. Ihre Lippen wurden bleich und ihre Augen verriethen die grausame Unruhe, die sie empfand.

Als ihr Gemahl mit dem Lesen des Briefes fertig war, näherte sie sich ihm und sagte, ohne daß sie jedoch gewagt hätte, nach ihm hinzublicken:

„Mein Freund, ist mein Sohn von einem Unglück ereilt worden?"

Ihre Stimme war sanft und zitterte vor Gemüthsbewegung.

Ihr Gatte antwortete nicht. Er ließ seine Hand schwer auf seine Knice herabsinken, zerknitterte dann den Brief zwischen seinen zitternden Fingern, richtete den Kopf empor, und heftete auf seine Gattin einen Blick, welcher ihr das Herz erstarren machte. Sie versuchte ihm das Papier aus den Händen zu nehmen, aber er hielt es nur um so fester.

„Er ist todt," sagte er; „die Wilden haben ihn ermordet. Was willst Du mehr wissen?"

Die arme Frau wich entsetzt einen Schritt zurück und Entrüstung malte sich in ihren Augen.

„Ja, liebe Freundin," hob der alte Kaufmann in

rauhem Tone wieder an, „es gibt Etwas, was noch entsetzlicher ist als der Tod, und dies ist die Schande."

„Mein Sohn wäre entehrt! Du bist sein Vater, John! Klage ihn jetzt, wo er nicht mehr ist, nicht an — besonders nicht vor seiner Mutter."

Eine leichte Röthe färbte die Wangen dieser schwachen Frau, deren Mund einen Ausdruck von außerordentlichem Stolze besaß. Der Edelsinn, welcher ihr Herz beseelte, empörte sich gegen die Anklage, welche gegen den Sohn erhoben worden, den sie beweinte.

„Lies, liebe Freundin; lies! Betrachte diese verwünschte Dirne und ihren Sohn. Sie haben ihn in ihre gräßlichen Schlupfwinkel gelockt und ermordet. Jetzt kommen sie gar noch hierher, um Zuflucht zu suchen und den Lohn für diesen niederträchtigen Mord zu verlangen."

Malaeska drückte ihren Sohn an ihr Herz, denn sie verstand die wüthende Sprache des alten Mannes und wich bis in eine Ecke des Zimmers zurück. Hier duckte sie sich zusammen wie ein gescheuchter Haase und indem sie sich ängstlich umschauete, suchte sie ein Mittel, um die Rache, welche ihr zu drohen schien, von sich abzulenken.

Nach der ersten Aufwallung von Zorn barg der alte Kaufmann das Gesicht in den Händen und verhielt sich unbeweglich. Nur das Schluchzen seiner Gattin, welche nun ihrerseits den Brief ihres Sohnes las, unterbrach das Schweigen, welches in dem großen Zimmer herrschte.

Malaeska bergriff, daß diese Thränen sie ermuthigen mußten, und ihr eigener Schmerz sagte ihr, was sie zu thun habe, um die Frau, welche so stöhnte und weinte, zu rühren.

Sie näherte sich ihr daher schüchtern und sank vor ihr auf die Kniee nieder.

„Wird die weiße Frau ihre Blicke auf Malaeska herabsenken?" fragte sie im Tone der Demuth und der Gemüthsbewegung. „Malaeska liebte den jungen weißen Häuptling, und als die Schatten des Todes sich über seine Seele breiteten, sagte er ihr, das Herz seiner Mutter würde gütig sein gegen die arme Indianerin, welche an seiner Brust schlief, als sie noch sehr jung war. Er sagte ihr auch, daß das Herz seiner Mutter sich seinem Kinde öffnen würde, wie eine Blume den Strahlen der Sonne. Wird die weiße Frau sich herablassen, den Knaben anzusehen? Er ist seinem Vater sehr ähnlich."

„Ja, Das ist wahr; der arme Kleine sieht ihm ähnlich!" murmelte die alte Dame, indem sie ihren Enkel durch ihre Thränen hindurch betrachtete. „Er ist es — er ist es, so wie er war, als wir Beide noch jung waren. O, Jones, erinnerst Du Dich noch seines Lächelns? Erinnerst Du Dich noch jener kleinen Grübchen in seinen Wangen, wenn wir ihn küßten? Betrachte dieses unglückliche Kind, welches keinen Vater mehr hat! Sind dies nicht seine lebhaften Augen und seine breite Stirn? Sieh ihn an, Jones; ich bitte Dich darum im Namen unseres Sohnes, der nicht mehr ist. Er hat uns in seinem letzten Augenblicke beschworen, sein Kind zu lieben. Sieh' es nur an!"

Die vortreffliche Frau führte bei diesen Worten den kleinen Knaben ihrem Gatten zu, legte die Hand auf seine Schulter und drückte ihre Lippen auf seine so frischen Wangen.

Der Stolz des alten Kaufmanns war besiegt, seine Brust hob sich und Thränen flossen durch seine kalten Finger herab. Er fühlte, wie der Kleine seine Knie umkalmmerte und wie er dann mit seinen kleinen Händen ihm die seinigen vom Gesicht hinwegzuziehen suchte.

Die Stimme der Natur sprach zu seinem Herzen. Er ließ die Arme herabsinken und betrachtete den kleinen Verwaisten mit verstörten Zügen.

Die schönen Augen des Knaben füllten sich mit Thränen, als er die strengen Züge seines Großvaters erblickte. Als dieser aber einen sanftern Ausdruck annahm, da erleuchtete ein Lächeln das Gesicht des Knaben und er schlang seine beiden Arme um den Hals des alten Mannes.

Dieser zögerte einen Augenblick, dann aber drückte er seinen Enkel an seine Brust, mit einer Zärtlichkeit, welche sein Felsenherz bis jetzt nur selten empfunden.

„Ja, er sieht wirklich seinem Vater sehr ähnlich," sagte er. „Wir werden die Frau zu ihrem Stamme zurückschicken, das Kind aber behalten."

Malaeska sprang auf und wendete sich mit gefalteten Händen und bestürzter Miene an die alte Dame.

„Ihr werdet Malaeska nicht von ihrem Sohne trennen," rief sie; „nein! nein! — O, weiße Frau! Dein Sohn hat an Deiner Brust geruht und seine Stimme hat Dein Ohr berührt, wie der Gesang eines jungen Vogels. Ihr werdet die arme Indianerin nicht ohne ihr Kind wieder in die Wälder zurückschicken. Sie ist aus den Tiefen des Urwalds zu Euch gekommen, um den Weg kennen zu lernen, welcher zum Himmel des weißen Mannes führt, damit sie einmal wieder zu ihrem Gatten kommt, und nun weigert Ihr Euch, ihr diesen Weg zu zeigen! Gebt der Indianerin ihr Kind zurück; ihr Herz ist stark und sie wird nicht allein in die Wälder zurückkehren."

Sie sprach diese Worte mit einem noch energischerem Ausdrucke, als Das, was sie vorher gesagt, und indem sie ihren Sohn den Armen seines Großvaters entriß, nahm sie die Haltung der Löwin an, welche ihr Junges vertheidigt. Ihre Lippen zitterten und ihre Augen schossen Flammen, das indianische Blut kochte in ihren Adern, bei dem Gedanken, von ihrem Kinde getrennt zu werden.

„Beruhige Dich, meine Tochter, beruhige Dich. Wenn Du fortgehst, so wird der Knabe mit Dir gehen," sagte Frau Danforth sanft. „Gieb Dich nicht dem Zorne hin. Niemand wird Dir Etwas zu leide thun."

Malaeska schien sofort wieder jedes Mißtrauen abzulegen. Mit unterwürfiger Miene führte sie ihren Sohn wieder zu den Füßen seines Großvaters, dann trat sie einige Schritte zurück und stand mit gesenkten Augen und gefalteten Händen in einer bittenden Haltung da, welche zu der Aufregung, die sie so eben an den Tag gelegt, einen auffallenden Gegensatz bildete.

„Laß sie ausruhen. Trenne die Mutter nicht von dem Kinde!" sagte die gute Dame, welche die Wirkung der so harten Worte ihres Gatten zu mildern wünschte. „Schon der Gedanke, daß sie ihren Sohn verlassen solle, raubt der armen Frau fast den Verstand! Unser Sohn hat sie geliebt. Warum sollten wir sie unter die Wilden in ihre Hütte zurückschicken? Lies diesen Brief noch einmal, mein Freund. Wir können die Bitte eines Sterbenden, unseres einzigen Sohnes, nicht zurückweisen."

Es gelang den Worten der vortrefflichen Frau den alten Kaufmann zu überreden. Malaeska erhielt die Erlaubniß, in dem Hause des Vaters ihres Gatten wohnen zu dürfen, aber nur unter dem Namen einer Amme und Wärterin ihres Sohnes. Sie sollte nicht wissen lassen, daß sie seine Mutter war.

Man verbreitete zu diesem Zwecke das Gerücht, der junge Danforth sei in einer der benachbarten Colonien verheirathet gewesen. Das junge Ehepaar, sagte man, war von den Wilden ermordet, ihr Kind aber von einer Indianerin gerettet worden, die es dann zu dem Großvater gebracht.

Diese Erzählung fand bereitwilligen Glauben und man wunderte sich nicht, den alten Kaufmann sich vorzugsweise gern mit dem kleinen verwaisten Knaben beschäftigen und diesen den Gegenstand großer Sorgfalt und Aufmerksamkeit in dem Hause seines Großvaters werden zu sehen.

Viertes Kapitel.

Das Canoe.

Es hätte etwas Unnatürliches darin gelegen, wenn diese schöne junge Indianerin die Wälder verlassen hätte, um sich selbst unter glücklichere Umstände in ein altes holländisches Haus einzusperren. Der Vogel der Wälder, welcher, wenn er sein Nest verläßt, frei und ungehindert durch die Zweige flattert, haßt den Käfig, in welchen man ihn sperrt, nicht mehr als die arme Fremde ihre neue Wohnung mit dem schwermüthigen Schweigen, welches darin herrschte und der Eintönigkeit des Daseins, welches man darin führte, haßte.

Die Liebe aber war in diesem wilden Herzen allmächtig. Sie hatte Malaeska aus ihren Wäldern herausgetrieben; sie hatte sie bestimmt, sich im Augenblicke der Noth von ihrem Stamme zu entfernen, und sie war dadurch zu unbekannten Personen geführt worden, die gegen sie nur einen gewissen Grad von Widerwillen empfanden.

Der alte Danforth war ein gerechter Mann, in Bezug auf seine Vorurtheile aber hart wie Granit. Sein einziger Sohn war von den Wilden gemordet worden, zu welchen dies unglückliche Geschöpf gehörte. Sein Blut — das einzige von seinen Gütern, welches er der Nachwelt überliefern konnte — hatte sich mit dem des verwünschten Volkes gemischt, welches seinen Sohn erschlagen. Gern hätte er die in der Person seines Enkels vereinigten beiden Racen getrennt, wenn der eine Theil seines Wesens hätte unversehrt bewahrt werden können.

Er war aber alt und ohne Kind und es lag in den Augen des kleinen Knaben, in der sich in seinem Gesicht aussprechenden Energie ein Zauber, welcher die Leere seines Herzens ausfüllte.

Er empfand gleichzeitig Zuneigung und Kummer, und er konnte diese beiden Gefühle in seiner Seele eben so wenig trennen, wie das indianische Blut leugnen, welches in den Adern seines Enkels floß.

Die Großmutter dagegen, diese so gute, wohlwollende Frau, sah auf seinem Gesicht nichts Anderes als das Lächeln ihres Sohnes. Sie fand auch seinen Blick wieder in diesen großen Augen, welche obschon schwarz, doch auch ein Wenig von dem Azur der des Vaters hatten.

Der Knabe war weit heiterer als seine Mutter. Die Unglückliche hatte ihre Freude an dem Ufer des See's zurückgelassen, wo ihr Gatte den Geist aufgegeben. Stets unterwürfig, stets sanft, war sie dennoch betrübt. Ein Vogel, der ihr in dieses fremde Land gefolgt wäre, würde sich nicht trostloser umgeschauet haben.

Nur der Wunsch ihres sterbenden Gatten hatte Malaeska bewogen, nach Manhattan zu gehen. Sie dachte unaufhörlich an ihr Heimathland, an ihren zum Theil vernichteten Stamm, der durch den Verlust seines Häuptlings in Trauer und Schmerz versenkt worden, und dessen Nachfolger sie mit fortgenommen, um ihn Fremdlingen in die Hände zu liefern.

Malaeska ward bleich vor Scham, wenn sie über Alles dies nachdachte. Welches Recht hatte sie, die Indianerin vom reinsten Blut, den Enkel ihres Vaters unter das Dach seiner Feinde zu führen? Warum hatte sie den Knaben nicht auf ihre Arme genommen, und sich den Kriegern ihres Stammes in dem Augenblick angeschlossen, wo der Grabgesang zu Ehren ihres Vaters angestimmt ward, welcher wie sie so oft sagte, ein berühmter Häuptling gewesen? Warum hatte sie sich nicht mit ihnen in die Einsamkeit der Wälder zurückgezogen, wohin sie sich geflüchtet, um ihnen in der Person ihres Sohnes ein neues Oberhaupt zu geben?

Aber nein! Die Leidenschaft war in Malaeska's Herzen zu stark gewesen. Ihre Pflicht gegen ihr Vaterland vergessend, hatte sie nur ihre Liebe zu Rathe gezogen und sie war fortgegangen, ohne einer andern Rücksicht Gehör zu schenken.

Sie ward traurig, wenn sie an ihr Volk dachte,

und zwar um so mehr, als dasselbe jetzt in Noth und Gefahr schwebte.

Sie dachte an die schattigen Pfade des Waldes, an ihren kleinen Wigwam mit seinem Ruhelager von Pelzwerk und an den mit Blumen geschmückten Rasen. Für sie waren die Winde mitten unter den Häusern der Stadt gefesselt und wenn sie dieselben über den Dächern hinwegwehen hörte, kam es ihr vor, als wenn sie ächzten und Freiheit begehrten und sie versetzte sich in Gedanken in die Einsamkeit zurück, worin sie gelebt hatte.

Man hatte ihr den Knaben abgenommen. Eine weiße Amme war herbeigerufen worden, welche sich zwischen den jungen Erben und seine Mutter stellte, und man hielt sie fortwährend von ihrem Sohne entfernt.

In dieser Beziehung zeigte sich der alte Danforth unbeugsam. Er wollte, daß man in dem Knaben das Feuer des indianischen Blutes dämpfe und er sollte niemals von dem Volke sprechen hören, welchem er unglücklicher Weise zum Theil angehörte.

Wenn die Indianerin fortfuhr, unter seinem Dache zu leben, so verlangte er, daß sie weiter Nichts wäre, als eine Magd und daß sie sorgfältig ihre Mutterliebe verhehle, von welcher Niemand im Hause Etwas bemerken sollte.

Frau Danforth aber hatte Mitleid mit der armen Mutter. Sie erinnerte sich der Zeit, wo sie für ihren eigenen Sohn eine Liebe fühlte, welche jetzt ihr Herz mit Trauer und Wehmuth erfüllte. Sie konnte die Indianerin, die arme ihres Kindes beraubte Mutter, nicht vorübergehen sehen, um sich in ihr einsames Zimmer unter dem Dache zu begeben, ohne ihr einen Seufzer der Theilnahme zu widmen.

Sie war eine zu gute Ehegattin, als daß sie der Autorität ihres Gemahls hätte Trotz bieten sollen; mit dem Muthe eines vortrefflichen Herzens aber gelang es ihr häufig, sich derselben zu entziehen. Oft verließ sie während der Nacht ihr Zimmer, nahm den schlafenden Knaben von seiner Wärterin hinweg auf die Arme und trug ihn in Malaeska's Bett.

Es war, als ob die Indianerin einen solchen Besuch allemal ahnte, denn Frau Danforth konnte sicher darauf rechnen, sie wach zu finden. Malaeska erwartete ihren Sohn und hielt sich bereit, der vortrefflichen Frau für das Glück zu danken, welches sie ihr verschaffte, indem sie ihr Gelegenheit gab, den Knaben zu umarmen.

Dann kehrte die Großmutter zu ihrem Gatten zurück und frühzeitig am Morgen trug sie Sorge, aufzustehen, um ihren Enkel wieder in das Bett der fremden Wärterin zu tragen. Dabei hielt sie alle diese Beweise von Herzensgüte so geheim, als ob sie damit ein Verbrechen beginge.

Es war mitleiderregend, zu sehen, wie Malaeska den ganzen Tag über ihren kleinen Sohn auf allen Tritten und Schritten belauschte. Wenn er in den

Garten ging, so verfehlte sie nicht, ebenfalls in der Nähe der alten Bäume zu weilen. Dann entriß sie ihn auf einen Augenblick seinen Spielen ohne gesehen zu werden und küßte ihn zärtlich.

Der Knabe lachte dann lustig und versuchte ihr zu entschlüpfen, um eine schöne Blume zu pflücken oder einem vorüberflatternden Schmetterlinge nachzulaufen.

Dieser Zwang, diese Nothwendigkeit, sich zu verbergen, um ihrem Drange nach dem Anblicke ihres Sohnes zu genügen, würden jede andere Frau als die Indianerin sehr bald ermüdet und aus diesem Hause vertrieben haben. Man konnte kaum begreifen, wie es ihr, die an ein unabhängiges Leben gewöhnt war, möglich ward, die peinliche Stellung anzunehmen, die man ihr in dem Hause des alten Kaufmanns bereitete. Man begegnete ihr nicht gerade wie einer Magd, aber auch nicht wie einer Person von gleichem Stande.

Sich unter die Leute der Küche zu mischen, konnte sie sich nicht überwinden, und in das Wohnzimmer erhielt sie, wenn der Hausherr zugegen war, niemals Zutritt. Dann irrte sie in den Corridors oder in den verschiedenen Theilen des Hauses umher oder blieb in ihrer Dachstube und beschäftigte sich damit, daß sie schöne Muster auf Seide oder andere kostbare Gewebe stickte, in der Absicht, dieselben der Frau zu schenken, welche ihren Sohn pflegte.

Die Unglückliche erfüllte eine sehr schmerzliche Pflicht, indem sie sich auf diese Weise dem Willen ihres verstorbenen Gatten unterwarf. Ihr Herz war gebrochen und für sie gab es keine Hoffnung mehr. Jeder ihrer Blicke war eine Ansprache an das Mitleid; ihr Gang war schleppend geworden, denn sie hatte nichts mehr auf der Welt, was sie lieben durfte.

So war ihr Leben, so lange der Knabe klein war. Als er anfing, heranzuwachsen, ward Malaeska's Stellung noch trauriger. Die Wärterin, welche ihre Stelle vertreten, verließ das Haus, als der Knabe kräftig genug war, um der Pflege einer Frau nicht mehr zu bedürfen.

Dennoch aber bewies er seiner Mutter nun nicht größere Anhänglichkeit als seither. Das indianische Blut kreiste lebendig in seinen Adern. Er liebte die Spiele, welche Körperkraft erforderten und von Gefahren begleitet waren, und er nahm die Liebkosungen der armen Frau nur noch mit einem gewissen Grade von Verachtung hin.

Sie sah ein, daß die Ansichten und Ideen des Großvaters in seinem Herzen Wurzel faßten, aber sie wagte nicht, sich darüber zu beklagen. Sie vermied es, ihm ihre Zärtlichkeit zu beweisen oder die seinige erwecken zu wollen, denn sie fürchtete, daß er die Bande ahnen möchte, welche ihn an sie knüpften.

Während der ersten Jahre konnte sie hoffen, ihn des Nachts in ihrem Zimmer zu haben und Beweise ihrer Liebe an ihn verschwenden zu können. Nach Verlauf einiger Zeit aber ward ihr selbst das Glück verweigert ihn in ihrer Nähe schlafen zu sehen.

Eines Tages, als sie ihn liebkosen wollte, während er ruhete, ward er ungeduldig und machte ihr Vorwürfe darüber, daß sie ihn störe und beläſtige.

Dieſer Vorwurf verwundete sie in ihrem innerſten Herzen. Sie konnte ihrem Sohne nicht antworten, weil ſie nicht wagte, ihm das Geheimniß der Liebe, was ſie empfand, zu offenbaren, denn dann hätte ſie zugleich die Schmach einer Verbindung offenbart, welche den Stolz des alten Kaufmanns beleidigte.

Sie war die Mutter ihres Sohns und gleichwohl schien ihre Anweſenheit in dieſem Hauſe zu mißfallen. Jeder Blick, den ſie auf ihr Kind heftete, ward eiferſüchtig belauert und wie ein Verbrechen beurtheilt. Die unglückliche Malaeska führte mit einem Wort ein ſehr trauriges Leben.

Mehre Jahre lang hatte sie Alles ertragen, in der Hoffnung, daß ihr Sohn eines Tages dem Rufe antworten würde, welcher ſich unaufhörlich ihrem innerſten Herzen entrang.

Als er aber begann, ihre Liebkoſungen schroff zurückzuweiſen und ſie wegen der Liebe, von der ſie verzehrt ward, zur Rede zu ſtellen, da triumphirte die Verzweiflung, gegen welche ſie bis jetzt gekämpft, über ihren Widerstand und das Blut ihres Stammes ſprach in ihr mit einer Energie, welche ſelbſt durch das geheiligte Andenken an ihren Gatten nicht beſiegt ward.

Eine Idee bemächtigte ſich ihres Gemüths. Sie wolle nicht länger in dem Hauſe des weißen Mannes bleiben, gleich einem Vogel, welcher verurtheilt wäre, mit den Flügeln an das Gitter seines Käfigs zu schlagen. Der Wald war immer noch wie von jeher unermeßlich und grün. Es mußte ihr leicht werden, ihren Stamm wiederzufinden, und sie wollte ihn im Walde aufsuchen. Ihren Sohn wollte sie mitnehmen und er sollte das Oberhaupt der Ihrigen werden, wie ihr Vater es gewesen. Der alte Danforth sollte ihr Herz nicht mehr quälen. Sie wollte sich wieder eine unabhängige Existenz erobern, oder sterben.

Die Beweise von Verachtung, welche der Knabe ihr gab, hatten diesen Wunsch in dem Herzen der Mutter erweckt. Ein letzter Vorwurf von seiner Seite machte sie beinahe wahnsinnig. Von nun an dachte sie an weiter nichts mehr, als in ihre Wälder zurückzukehren, und wenn sie sich nicht gesagt hätte, daß das Blut ihres Gatten in den Adern des alten Mannes flösse, so wäre sie mit der ganzen Heftigkeit ihres Stammes in Schmähungen gegen das Haus ausgebrochen, worin sie so unglücklich gewesen.

Sie beschloß demgemäß, mit ihrem Sohn zu entfliehen. Er mußte sie ja wohl lieben, wenn kein weißer Mann mehr da war, um sich dem zu wiedersetzen. Die Schlauheit ihres Volks kam ihr mit ihrer Energie zu Hülfe. Sie wußte die Gewandtheit des Kriegers geltend zu machen, welcher gegen einen Feind kämpft, der auf seiner Hut ist. Niemand im Hause hatte eine Ahnung von ihrem Vorhaben. Es lag ihr daran, ihre

Pläne auf sichere Weise zu combiniren und jeden Schritt den sie der Freiheit entgegen that, zu einem zweckdienlichen zu machen.

Diese Gedanken beschäftigten Malaeska mehre Wochen lang. Eifrig arbeitete sie in ihrem Zimmer. Der Bogen und die Pfeile, womit sie gleich einer Diana in ihrem Canoe nach Manhattan gekommen, wurden aus dem Schranke hervorgesucht und sie wetzte sorgfältig und geduldig die Steine, welche die Spitze ihrer Pfeile bildeten.

Sie musterte ihre mit kostbaren Stickereien verzierten Kleider, denn sie mußte zu ihrem Stamme in derselben Tracht zurück kehren, in welcher sie ihn verlassen. War sie nicht die Mutter eines Häuptlings und die Tochter eines solchen? Von Dem, was sie durch die Freigebigkeit des weißen Mannes erlangt, wollte sie nichts mit in die Wälder nehmen.

Sie traf ihre Vorbereitungen mit einer Klugheit, die durch ihre angeborene Verschmitztheit gesteigert ward.

Am Ufer des Hudson, ein wenig oberhalb der Stadt wohnte ein alter Zimmermann, der sich vorzüglich mit Erbauen von Booten beschäftigte. Malaeska hatte ihn fortwährend bei der Arbeit gesehen und da sie gewisse Begriffe von seiner Kunst hatte, so sah sie ihm mit ganzn besonderem Interesse zu.

Die Indianerin hatte seit langer Zeit die Aufmerksamkeit auch des Zimmermanns gefesselt und die Beweise von Bewunderung, welche sie seiner Geschicklichkeit zollte, waren ihm sehr schmeichelhaft gewesen.

Eines Tages kam sie mit sehr aufgeregter Miene in sein Haus. Ihr Gang war rasch und ihr Auge funkelte, wie das des Adlers beim Anblick seiner Beute.

Der alte Zimmermann machte eben ein kleines zu Lustfahrten bestimmtes Boot fertig, auf welches er über alle Beschreibung stolz war.

Dieses Boot war sehr leicht und gleichzeitig sehr fest. Schöne rothe und weiße Streifen dienten ihm als Gürtel und Malaeska betrachtete es mit strahlenden Augen.

„Wie viel kostet wohl dieses Canoe?"

So lautete die eigenthümliche Frage, welche sie an sich selbst richtete. „Durch ein paar Ruder in Bewegung gesetzt, muß dieses Fahrzeug auf dem Flusse hinfliegen, wie ein Vogel."

Der Zimmermann hatte es in der Hoffnung gebaut, es an den alten Danforth zu verkaufen. Dieser war bei ihm gewesen, um seine Boote in Augenschein zu nehmen, weil er eins für den Knaben mit den schwarzen Augen zu kaufen wünschte, keins aber war ihm schön genug erschienen. Aus diesem Grunde hatte der Zimmermann auf's Gerathewohl hin dieses gebaut.

Malaeska's Augen gewannen einen immer lebhaftern Ausdruck. Auch sie dachte an den Knaben und nahm sich vor, ihn hierherzuführen, damit er das Boot bewundere. Frau Danforth vertraute ihr ihn oft zu einem Spaziergange an. Wenn der Zimmermann ihr den Preis des Bootes sagen wollte, meinte sie, so könnte sie ihm dann, wenn sie mit ihrem Sohne käme, das Geld bringen, und sie wollten das Boot auf dem Hudson versuchen.

Der Zimmermann lächelte, betrachtete mit stolzem Blick sein Werk und nannte dann den Preis.

Derselbe war nicht sehr hoch. Malaceska besaß das Doppelte in der gestickten Börse, welche sie in ihrem kleinen Zimmer zurückgelassen. Der alte Danforth war stets freigebig gegen sie und verweigerte ihr Nichts, als Liebe und Zuneigung.

Sie kehrte außer sich vor Freude nach Hause zurück. Nun war Alles bereit. Der morgende Tag — o, wie klopfte ihr Herz, als sie an den morgenden Tag dachte.

Fünftes Kapitel.

Im Walde.

Am Nachmittag des nächsten Tages mußte Mynherr
Danforth auf einige Stunden das Haus verlassen.
Eine Gemeindesitzung war zusammen berufen worden
und er war stets mit Eifer bedacht, seine Bürgerpflich=
ten zu erfüllen.

Mit der freundlichen Frau Danforth ging es seit
einiger Zeit nicht recht gut. Malaeska, die von der
innigsten Zuneigung zu ihr beseelt war, widmete ihr
die unermüdlichste, sorgfältigste Pflege.

In dem Gemüth der Indianerin ging augenscheinlich
etwas Außerordentliches vor. Ihre Lippen waren bleich,
ihre Augen verriethen Unruhe. Als die alte Dame vor
Ermüdung eingeschlafen war, näherte Malaeska sich
ihrem Bett, kniecte nieder und küßte mit der größten
Ehrerbietung die Hand, welche auf der Bettdecke lag.

Sie that es auf so sanfte Weise, daß die gute alte
Dame nichts davon zu gewahren schien, später aber

besann sie sich darauf, wie auf einen Traum und erinnerte sich dieses Lebewohls der armen Mutter.

William — man hatte dem Knaben den Namen seines Vaters gegeben — war diesen Nachmittag auf schlechter Laune. Er hatte keine Spielkameraden, weil wegen der Krankheit seiner Großmutter Niemand zugelassen ward, und er beschäftigte sich im Garten damit, daß er eine Art Festung mit den weißen Steinen wie die erbaute, womit der Hauptgang gepflastert war. In dieser Arbeit ward er durch das laute Gezwitscher zweier Vögel unterbrochen, welche in den Aesten eines alten Apfelbaums am äußersten Ende des Gartens hin- und herflatterten und sich verfolgten.

Nachdem sie einander so eine Weile im Sonnenschein umhergejagt, wurden sie durch einen Gegenstand in der Ferne angelockt und sie schossen fort, wie zwei Pfeile, während sie die Luft mit harmonischem Geräusch spalteten.

Der Knabe folgte ihnen mit zugleich heiterem und neidischem Blick. Ihre Freiheit ergötzte ihn. Er fühlte, daß er seinerseits, wie ein Vogel im Käfig, Gefangener in diesem mit goldenen Früchten und bunten Blumen angefüllten schönen Garten war. Das Feuer des Indianerblutes entzündete sich in ihm.

„Ach, ich wollte, ich wäre auch ein Vogel," sagte er. „Dann würde ich blos nach Hause zurückkommen, wann ich Lust hätte, und die übrige Zeit in den Wäldern umherfliegen — in jenen schönen Wäldern, welche ich jenseits des Flusses sehe, wohin ich aber niemals spielen gehen darf. Wie herrlich müssen die Vögel sich dort befinden!"

Der kleine Knabe schwieg plötzlich, denn, wie Kinder oft zu thun pflegen, sprach er seine Gedanken in der Regel laut aus. Ein Schatten kreuzte den gepflasterten Gartenweg, auf welchem er saß, und dies war es eben, was ihn bewog, zu schweigen.

Malaeska war da. Ihr Lächeln war erzwungen und ihr Blick seltsam. Sie schien dem Knaben größer zu sein, als da er sie das erste Mal gesehen. In der Hand hielt sie einen mit gelben und rothen Federn verzierten Bogen. Als sie bemerkte, daß die Augen des Knaben bei diesem Anblick funkelten, zog sie einen Pfeil aus dem Packet, welches sie unter ihren Kleidern trug und legte ihn auf die Sehne des Bogens.

"Schön," sagte sie, "das lernen wir in den Wäldern."

Die beiden Vögel fuhren fort in dem Garten hin und her zu fliegen. Ihr Gefieder glänzte in den Strahlen der Sonne und der eine ließ allemal ein triumphirendes Gezwitscher hören, wenn es ihm gelungen war, der Verfolgung des andern zu entrinnen.

Malaeska spannte ihren Bogen mit derselben Anmuth, wie sie in den Wäldern gethan. Die Sehne schwirrte, der Pfeil pfiff durch die Luft; einer der Vögel ließ ein kurzes Aechzen hören und stürzte wie eine geknickte Blume zur Erde nieder.

Der Knabe stutzte. Seine Augen funkelten und seine Nüstern erweiterten sich. Seine wilden Instincte offenbarten sich in dem Ausdruck seiner Züge.

„Das hast Du in den Wäldern gelernt, Malaeska?" fragte er lebhaft:

„Ja, willst Du es vielleicht auch lernen?"

„Ja, das will ich. Gieb mir den Bogen — schnell! schnell!"

„Hier nicht. So etwas lernt man nur im Walde. Komm mit und ich werde es Dir zeigen."

Malaeska war bleich und zitterte an allen Gliedern. Was sollte sie thun, wenn der Knabe sich weigerte, ihr zu folgen?

„Meinst Du in den Wäldern an dem Flusse, die im Sonnenschein so schön herüberleuchten! Wenn Du dort meinst, Malaeska, so führe mich hin."

„Ja, ich meine in den Wäldern, an dem Flusse, dessen Fläche glänzt in Silber."

„Führe mich hin — sogleich! — Aber wie kann es geschehen?"

„Still! Sprich nicht so laut! Ich weiß ein sehr hübsches Canoe."

„Wohl mit weißen Segeln, Malaeska?"

„Nein, mit Rudern."

„O, dann komm! Ich verstehe aber nicht die Ruder zu führen. Einmal erlaubte mir Großvater es zu versuchen, aber ich kam damit nicht zu Stande."

Malaeska. I. 7

„Du brauchst es auch nicht zu können, denn ich verstehe mich darauf."

„Du! Aber das ist doch keine Arbeit für eine Frau."

„Nein, hier allerdings nicht, im Walde aber lernen Alle rudern, Männer sowohl wie Frauen."

„Werde ich es auch lernen können?"

„Ja wohl."

„Nun, dann wollen wir uns aufmachen, ehe der Großvater zurückkommt und mich hindert, mit Dir fortzugehen. Komm schnell; ich kann es nicht erwarten, bis ich im Walde herumlaufen und mich ergötzen kann! Komm, Malaeska, komm ehe Jemand die Thür zuschließt."

Malaeska warf einen vorsichtigen Blick rings um sich. Sie beobachtete nach der Reihe die Fenster des Hauses, die dichten Gebüsche, die Gänge. Sie sah aber Niemanden. Sie war mit ihrem Sohne allein.

„Komm!" rief der Knabe ungeduldig. „Ich will fort in den Wald!"

„Ja, ja," murmelte Malaeska, „in den Wald! — dort ist unser Aufenthalt — dort werde ich wieder Mutter sein."

Mit der Schnelligkeit eines jungen Rehes, eilte sie aus dem Garten hinaus. Der Knabe lief wacker hinter ihr her und hüpfte, in lautes Lachen ausbrechend, wenn er nicht so rasch gehen konnte, wie sie. So durchschritten sie fast athemlos die Stadt und gelangten an die ländlichen Ufer des Flusses. Eine durch die ununterbrochene Einwirkung der Wellen gehöhlte Bucht schnitt an der Stelle ein, wo man jetzt breite Hafendämme und einen Wald von Masten sieht. Halbhundertjährige Bäume neigten sich über die Fluthen und warfen bis Sonnenuntergang ihre Schatten hinein.

Das schöne Boot, welches Malaeska gekauft hatte, lag im dichten Schatten einiger dieser Bäume. Ein bunt bemalter Korb, so wie die friedlichen Indianer deren zuweilen zu Markte bringen, stand mit Brod gefüllt im Hintertheile des Fahrzeugs. Ein nach dem Geschmack der Indianerinnen mit einem scharlachrothen Rande versehenes Tigerfell lag auf dem Boden ausgebreitet, und auf den Bänken sah man rothe Polsterkissen mit Stickereien.

William Danforth stieß bei dem Anblick des Canoe einen Ruf der Ueberraschung aus.

„Ist dies das Boot, in welchem wir die Fahrt machen sollen?" sagte er. „Kann ich jetzt sogleich rudern lernen?"

Und mit diesen Worten, sprang der Knabe in das Boot und ergriff die Ruder. Dann forderte er Malaeska auf, ebenfalls einzusteigen, denn er wollte gern sofort beginnen.

Malaeska band das Seil, an welchem das Boot befestigt war, ab und setzte, ohne es loszulassen, sich neben ihren Sohn.

„Noch nicht, noch nicht. Gib die Ruder erst mir.

Wenn wir die Thürme von Manhattan nicht mehr sehen, dann kannst Du rudern," sagte sie.

Der Knabe überließ ihr die Ruder und machte eine unruhige Kopfbewegung, indem er sein schwarzes Haar schüttelte.

Das Boot flog über das Wasser mit einer Schnelligkeit, welche William fast den Athem raubte. Er setzte sich auf den ausgebreiteten Teppich und lachte aus Herzensgrunde, wenn er mit silbernen Tropfen besprengt ward.

Das Gesicht gegen Norden gewendet und mit vor Freude über die begonnene Ausführung ihres Fluchtplanes strahlenden Augen ruderte Malaeska mit Energie flußaufwärts. Jedes Mal, wo sie die Ruder in die Fluth tauchte, ward gleichsam ein neuer Schritt zur Freiheit zurückgelegt und jeder Sonnenstrahl schien ihr ein Strahl des großen Geistes zu sein, zu welchem ihr Gatte und ihr Vater gegangen waren.

Als der Tag zu Ende war und der Mond aufging, war das Boot schon weit und befand sich an der westlichen Küste der Hochebene, welche, damals mit Urwald bedeckt, den majestätischen Anblick der Wüste darbot.

Nun gab Malaeska der Bitte ihres Sohnes nach und ließ ihn die Ruder mit seinen kleinen Händen fassen. Es kam ihr wenig darauf an, daß das Boot jetzt trotz den Anstrengungen des Knaben rückwärts anstatt vorwärts ging. Jetzt, wo man die Stadt nicht mehr sah, hatte sie weniger Furcht und sie lächelte, als sie gewahrte, mit welcher Energie der Knabe die Ruder handhabte.

Wenn sie ihm Einhalt zu thun suchte, ward er zornig, und sie konnte sicher darauf rechnen, daß er sie im nächsten Augenblick mit einem Platzregen überschüttete, um ihr zu beweisen, daß er recht wohl im Stande sei, sich seiner Aufgabe zu entledigen.

Die Nacht senkte sich sanft und ruhig herab und das Silberlicht des Mondes fiel auf die Mutter und den Sohn. Die von den Höhen geworfenen Schatten machten den Weg auf dem Flusse dunkel. Der Knabe ward traurig, seine ganze Heiterkeit entschwand. Der Indianerin dagegen waren dergleichen Umgebungen längst bekannt. Sie fühlte sich von Muth erfüllt und frei in dieser Einöde, welche Alles in sich schloß, was sie auf der Welt besaß. Sie war frei und sie hatte den Sohn ihres Gatten bei sich.

„Malaeska," sagte der Knabe, indem er sich an sie schmiegte und seinen Kopf auf ihre Knie zurücklegte, „ich bin müde, ich möchte nach Hause zurückkehren."

„Nach Hause! Du hast ja den Wald noch nicht gesehen! Muth, Muth, lieber William! Wir werden an dem Ufer anlegen."

„Es ist so finster! Uebrigens ist auch Jemand hier, der fortwährend schreit. Wahrscheinlich ist es ein Kranker, der eben so wie ich gern nach Hause will."

„Nein, nein; es ist eine Eule, welche in der Nacht schreit."

„Eine Eule? Ist das ein kleines Kind, Malaeska? Wir wollen es aufsuchen und mit in das Boot nehmen."

„Nein, mein Sohn; eine Eule ist ein Vogel?"

„Der arme Vogel!" sagte der Knabe. „Wie gern möchte er nach Hause!"

„Du irrst Dich, mein Sohn; der Vogel liebt die Wälder. Er würde sterben, wenn Du ihn aus der Nähe der Bäume hinwegführtest," entgegnete Malaeska und versuchte den Knaben zu beruhigen, welcher jetzt, zu ihren Knieen sitzend, seine Wange an die ihrige lehnte. Sie bemerkte, daß er zitterte und daß Thränen sein Gesicht benetzten.

„Schaue da hinauf, mein William!" sagte sie. „Sieh, wie die Sterne über uns funkeln, und wie auch der ganze Fluß damit besäet zu sein scheint."

„Großvater wird mich aber überall suchen," entgegnete der kleine Knabe ängstlich.

Malaeska fühlte, wie ein Schauer sie durchrieselte. Sie hatte den Knaben hinweggelockt, aber sie hätte ihm nicht die Erinnerung rauben können, und seine Gedanken kehrten fortwährend nach dem wohlhabenden Hause zurück, welches er verlassen. Wenn er auch bei ihr und von der Pracht der Natur umgeben war, so dachte sie doch immer an jenen Greis, der sie härter behandelt als eine Sclavin in seinem Hause, ohne

Rücksicht auf die Seele, welche Gott ihm anvertraut. Die Indianerin empfand, so oft der Kleine von seinem Großvater sprach, ein Gefühl von Traurigkeit und fast Groll.

„Wohlan," sagte sie in wehmüthigem Tone, „wir wollen einen Ort im Walde suchen. Du sollst ein mit schönen Blumen begränztes Bett bekommen. Ich werde ein großes Feuer anzünden und Du wirst die rothe Flamme unter den Zweigen der Bäume sehen."

Der Knabe lächelte.

„Ein Feuer im Freien!" rief er. „Ja, ja, komm, laß uns in den Wald gehen. Werden die Vögel dort mit uns sprechen?"

„Die Vögel sprechen stets mit uns, wenn wir in der Tiefe des Waldes sind."

Malaeska steuerte ihr Boot in eine schmale Bucht zwischen zwei großen Felsen des Ufers, wo es vollständig sicher lag. Dann nahm sie das Tigerfell und die Polsterkissen auf ihre Arme, forderte den Knaben auf, sich fest an ihr Kleid zu halten, und begann mit ihm eine kleine Anhöhe zu ersteigen, wo die Bäume weit auseinanderstanden und das Gras dicht war, wie sich aus dem Duft der wilden Blumen schließen ließ, welche der leichte Wind herübertrug.

Ein Felsen war zur Hälfte mit Gras und Kräutern überwachsen und über diesen Felsen breitete eine weiße Pappel ihre Aeste aus, und bildete gleichsam ein ungeheures Zelt.

Malaeska setzte ihren Sohn auf diesen Felsblock und hörte nicht auf, mit ihm zu sprechen, während sie zugleich einem aus ihrem Korbe hervorgesuchten Flintenstein Funken entlockte. Dann zündete sie mittelst trockener Reiser, die es an diesem Orte in Menge gab, ein Feuer an.

Als William die Flamme auflodern, den zunächst ringsum liegenden Raum beleuchten und goldene Garben zwischen die Aeste der Pappel emporschleudern sah, faßte er wieder Muth und stieg von der Anhöhe herunter, um Holzstücke zusammenzusuchen, damit das Feuer noch besser brennen möchte.

Malaeska holte nun eine Flasche Wasser, Brod und ein Stück gebratenes Fleisch aus dem Korbe und der Knabe kam, erfreut über seine Arbeit, herbeigeeilt. Die Finsterniß schreckte ihn nicht mehr und der Anblick der Lebensmittel machte ihm Appetit.

Mit welcher Freude trug die arme Indianerin ihm sein Abendbrod auf und befriedigte seinen Hunger! Es lag, während sie ihm beim Schein des Feuers betrachtete, in ihrem Gesicht etwas wunderbar Schönes. Zum ersten Male seit seinen ersten Jahren schien er ihr wirklich wieder anzugehören.

Als er gegessen hatte und ihm die Augenlider schwer zu werden begannen, näherte Malaeska sich einigen in der Nähe befindlichen Felsen, riß Moos davon ab und trug es nach der Stelle, welche sie unter der Pappel gewählt, und wo sie nun dem Knaben ein Lager bereitete.

Sie breitete hier das Tigerfell mit dem rothen Rand aus, dann legte sie die Polsterkissen darauf, deren Fransen im Schein des Feuers funkelten, wie Perlen an der Wiege des Prinzen.

Malaeska ließ den Knaben sich auf dieses so malerische Bett strecken, setzte sich neben ihn und begann zu singen, wie früher in ihrem Wigwam.

Der Kleine war sehr müde; er schlief sofort ein, während der klagende Gesang die Luft erfüllte und ein Nachtvogel in der Tiefe des Waldes darauf antwortete. —

Als Malaeska überzeugt war, daß der Knabe fest schlief, knieete sie neben ihm auf den Felsen nieder und ein freudiger Seufzer entrang sich ihr, während sie einen schüchternen Kuß auf seine Stirn drückte.

Nun dachte sie daran, sich selbst Ruhe zu gönnen, und zwar, wie sie ihr ganzes Leben lang gethan, indem sie dem, welchen sie liebte, das weiche Lager überließ, und sich selbst mit dem kalten harten Felsen begnügte. Es war dies einmal ihr Loos als Weib, und zwar um so mehr, als sie eine Wilde war. Die Civilisation liefert nicht sehr oft Beispiele von derartiger, weiblicher Selbstverläugnung.

Als der Morgen anbrach, ward der Knabe durch die Vögel geweckt, welche die Luft von ihrem Gesange wiederhallen ließen. Sie flogen von Zweig zu Zweig und erwarteten, daß die Strahlen der Sonne das Laubwerk erleuchteten.

William richtete den Kopf empor, und rieb sich, erstaunt über dieses seltsame Geräusch, die Augen.

Endlich besann er sich, wo er war, und rief Malaeska. Sie verließ den Baum, hinter welchem sie stand, und kam mit einem Rebhuhn herbeigeeilt, welchem sie das Herz mit einem Pfeile durchbohrt hatte. Sie legte den Vogel auf den Felsen zu William's Füßen, kniete abermals vor ihm nieder, küßte ihm die Füße, die Hände und den Saum seines Ueberwurfs. Dann glättete sie ihm das Haar und säuberte seine Kleider mit der größten Sorgfalt.

„Wann gehen wir wieder nach Hause, Malaeska?" fragte der Knabe unruhig. „Großvater wird uns suchen."

„Nun, ist hier keine passende Wohnung für einen jungen Häuptling?" antwortete die Mutter, indem sie auf den azurblauen Himmel und den mit schönen Blumen geschmückten Rasen zeigte. Wo wäre der weiße Mann, der eine Wohnung hätte, wie diese?"

Der Knabe richtete die Augen empor und sah über seinem Kopfe die mit goldenen Blüthen bedeckten Zweige eines Baumes.

„Es ist hier kalt und feucht," sagte er, indem er die an seinem Haar hängenden Thautropfen abschüttelte. „Es gefällt mir nicht im Walde, Malaeska."

„Es wird Dir noch darin gefallen; ganz gewiß wird es Dir noch darin gefallen, entgegnete die Mutter lebhaft. „Sieh, ich habe zu Deinem Morgenmahl einen Vogel geschossen."

„Einen Vogel? ich habe allerdings großen Hunger."

„Und sieh, was ich hier vom Ufer gebracht habe!" Sie nahm einen kleinen von Blättern geflochtenen Korb aus einer Felsenvertiefung und brachte ihn ihrem Sohne. Das Körbchen war mit vom Thau noch ganz feuchten Erdbeeren gefüllt.

Der Knabe klatschte freudig in die Hände und fing an zu lachen.

„O, gib mir die Erdbeeren," sagte er; „ich werde sie alle essen. Großvater ist nicht da, und kann es mir also nicht verwehren. Ich werde essen, bis der Korb leer ist. O, Malaeska, es ist schön im Walde! Bringe mir die Erdbeeren hierher auf das Moos und hole noch einen Korb, während ich diese hier esse. Entferne Dich aber nicht zu weit. Wenn ich Dich nicht mehr sehe, so fürchte ich mich. Nein, nein; laß mich das Feuer anzünden. Du wirst sehen, wie die Funken in die Höhe fliegen."

Er kletterte von dem Felsen herunter und begann, seine Erdbeeren ganz vergessend, wieder Holz zusammenzulesen.

Malaeska blieb in kurzer Entfernung stehen und bereitete die von ihr erlegte Beute zum Braten.

Der Knabe war klug und behend. Es dauerte nicht lange, so hatte er ein prasselndes Feuer angezündet und er stieß einen lauten Freudenschrei, welcher die Vögel erschreckte aus, als die auflodernden Flammen die Aeste der Pappel und den Felsen in einen leichten blauen Rauch hüllten.

Die Indianerin näherte sich in diesem Augenblick wieder mit ihrem Rebhuhn, durch welches sie einen hölzernen Spieß hindurchgesteckt. An diesen Spieß band sie einen Faden, den sie an einem Aste befestigte, so daß das Rebhuhn langsam vor dem Feuer hin= und hertaumelte.

Während so das Frühstück bereitet ward, ging der Knabe fort um Blumen, Erdbeeren und Alles, was er sonst finden konnte, zu suchen.

Als er wieder kam, brachte er eine ganze Menge noch grüne wilde Kirschen, so wie ein Nest gesprenkelter Eier, das er im Gebüsch entdeckt.

Ein Eichhörnchen, welches von einem Kastanien= baume herabsprang, betrachtete ihn mit so lebhaften Augen, daß er hastig seine Mutter rief und sagte, es gefiele ihm im Walde schon sehr.

Als er von seinem Ausfluge zurückkam, hatte Ma= lacéka ihren Mantel abgeworfen, und sich einen Kopf= putz von rothen und grünen Federn gemacht, welcher ihre Indianertracht vervollständigte, so daß sie das Er= staunen und die Bewunderung ihres Sohnes in hohem Grade erregte. Sie war wahrhaft schön, so unter den Bäumen, und die Mutterliebe lieh ihrem Gesicht einen ganz besondern Ausdruck.

Während das Rebhuhn vor dem Feuer hin= und hertaumelte, riß sie eine Handvoll Kastanienblätter ab, und legte sie so neben einander, daß sie eine Art Schüssel bildeten. Dann legte sie den gebratenen Vogel darauf und tranchirte ihn mit einem allerliebsten kleinen Dolch, welchen William's Vater ihr zu der Zeit geschenkt, wo er ihr seine ersten Huldigungen dargebracht.

Dann ging sie an eine kleine Quelle, welche sie im Vorbeigehen bemerkt, und füllte einen improvisirten Becher mit einem Wasser, welches rein war wie Krystall.

Auf diese Weise genossen Mutter und Sohn ihr erstes Mahl im Walde auf dem mit Blumen geschmückten Rasen, während sie den über ihnen singenden Vögeln zuhörten und den reinen Hauch des Windes athmeten.

Der Knabe hatte kaum Geduld genug, um so lange sitzen zu bleiben, als nöthig war, um das vortreffliche Frühstück zu sich zu nehmen, welches Malaeska mit Lächeln und Liebkosungen würzte.

Er wollte gern die Vögel schießen, deren melodische Stimme in dem Laubwerk schallte, denn er überlegte nicht, daß es unrecht wäre, die armen kleinen Sänger ohne Noth zu tödten.

Er ward dabei nicht müde, das glänzende Costüm seiner Mutter zu betrachten — es war dies Etwas, was seine Augen höchlichst ergötzte.

Endlich war das Mahl zu Ende. Mit von dem Saft der Früchte noch getrötheten Lippen erhob sich William und verlangte den Bogen und die Pfeile.

Stolz wie eine Königin und freundlich wie ein Weib lehrte Malaeska ihn den Pfeil auf die Sehne legen und den Bogen allmählich der Wange nähern.

Er begriff diese Lection sofort und stieß einen Freudenschrei aus, als sein erster Pfeil vom Bogen hinweg zwischen den Aesten der Pappel hindurchpfiff.

Malaeska freuete sich ebenfalls über diesen Anfang. Mit triumphirender Miene sah sie die anmuthige Weise, auf welche er den Arm bog, und ihr Herz erbebte, als sie seinen Freudenruf hörte.

Er wollte sich allein entfernen und seine Geschicklichkeit an dem Eichhörnchen versuchen. Malaeska aber, welche Gefahr fürchtete, folgte ihm Schritt um Schritt, freudig und aufmerksam.

William's Geschicklichkeit nahm mit jedem Augenblick zu. Er würde sehr bald den Vorrath an Pfeilen verschossen haben, wenn seine Mutter sie nicht nach jedem Schuß mit unermüdlicher Geduld wieder aufgehoben und auf diese Weise seine Freude verlängert hätte.

Endlich jedoch ward er diese Uebung überdrüssig, so verlockend dieselbe auch für ihn war.

Gegen Mittag ließ Malaeska ihn auf dem Tigerfell ausruhen und machte sich auf, um ein neues Wildpret zur Abendmahlzeit zu erlegen.

Nie hatte sie freier geathmet, nie hatte ihr der Wald in so hohem Grade der Aufenthalt zu sein geschienen, der sich für sie eignete. Sie genoß hier Frieden der Seele. Diese frischen Bäume und Sträucher gehörten ihr und auf dem nahen Felsen ruhete ihr Sohn — das einzige Wesen, welches ihrer Liebe noch geblieben. —

Warum sollte sie sich beeilen, sich wieder ihrem Stamme anzuschließen? Warum sollte sie vorzugsweise hieran denken, während ihr Sohn bei ihr war, in diesem schönen Walde. Was fehlte ihr, um glücklich zu sein?

Es bedurfte keiner großen Mühe, um sich das zu ihrem Abendbrote bestimmte Wild zu verschaffen.

Bald kehrte sie daher mit leichtem Tritt in das reizende Lager zurück.

Ermüdet durch die gehabte Leibesbewegung war der Knabe auf dem Felsen eingeschlafen. Sie sah ihn schon vom Weiten behaglich ausgestreckt und die Strahlen der Sonne spielten in seinem schwarzen Haar.

Mit leisem Tritt näherte sie sich und scheuete sich auch nur ein Blatt zu berühren, als ob das geringste Geräusch ihn aufwecken müßte.

Plötzlich empfand sie eine peinliche Gemüthsbewegung. Unbeweglich blieb sie stehen, als ob ihre Füße an den Boden angewurzelt wären.

Ein seltsames Geräusch schlug zuerst an ihr Ohr und dann erblickte sie eine scheusliche Schlange, die sich an dem Felsen hinaufringelte, auf welchem der schlafende William lag.

Das Unthier hatte bei Malaeska's Annäherung den Kopf emporgehoben und sie sah, daß es im Begriff stand, einen Angriff zu machen. Dieser mußte natürlich zunächst gegen den Knaben gerichtet sein.

Die arme Mutter war wie versteinert; sie wagte nicht, auch nur einen Schritt zu thun, und konnte nur mit stierem Blick die Bewegungen des Thieres verfolgen. —

Das Schweigen schien den Zorn der Schlange zu besänftigen. Das durch ihre Schwanzringe hervorgebrachte Klappern ward immer schwächer und ihre Augen erglüheten von unheimlichem Glanze beim Anblick der Beute, die sie auf dem Moose erblickte.

Der Knabe, den die durch das Laubwerk hindurch auf sein Gesicht fallenden Sonnenstrahlen belästigten, drehete sich auf der Tigerhaut herum. Das klappernde Geräusch, welches das Thier machte, ward sofort wieder stärker und es schoß einen furchtbaren Blick auf den Knaben.

Malaeska war starr vor Angst und Schrecken, aber dennoch besaß sie Geistesgegenwart genug, um einen Versuch zur Rettung ihres Sohnes zu machen.

Mit sicherer Hand hob sie ihren Bogen und spannte ihn, die Schlange ward aber wieder unbeweglich und Malaeska senkte den Bogen, denn die Schlange befand sich auf der entgegengesetzten Seite des Knaben, und um sie zu treffen, hätte der Pfeil den Körper des jungen Schläfers streifen müssen.

Einen Augenblick später setzte das Thier sich wieder

in Bewegung und bedrohte den Knaben mit seinem Giftzahn.

Malaeska hob wieder ihren Bogen, zielte dem Ungeheuer auf den Kopf, der über ihren Sohn emporragte, und schoß den Pfeil ab.

Eine Wolke umflorte ihre Augen, die Nacht des Todes umgab sie und ihr Herz erstarrte.

Sie lauschte, ob sie nicht einen Schrei hörte.

Nichts schlug an ihr Ohr als das Rauschen des Windes in den Blättern, und Ruhe kehrte in ihre Sinne zurück.

Diese Erstarrung schien Malaeska ein ganzes Jahrhundert lang zu dauern, obschon sie in Wahrheit schon nach wenigen Secunden vorüber war.

Sie wollte nun sofort die Wahrheit kennen und näherte sich schaudernd.

Ein lautes Gelächter erscholl unter den Bäumen und sie sah ihren Sohn, der auf dem Tigerfell sitzend, mit rothen Wangen und verwunderter Miene die kopflose Schlange betrachtete, welche sich in ihren letzten Todeszuckungen zu seinen Füßen hin- und herkrümmte. —

„Ha!" rief er in die Hände klatschend, „das ist etwas noch viel Außerordentlicheres, als die Vögel und die Eichhörnchen. Malaeska! Malaeska! Sieh doch dieses wunderliche Thier. Es hat keinen Kopf und sein Schwanz besteht aus lauter runden Ringen."

Malaeska war so schwach, daß sie sich kaum auf

den Füßen halten konnte. Zitternd näherte sie sich den Felsen, ergriff das sich noch bewegende Thier, und schleuderte es mit einem Schrei des Entsetzens weit hinweg in das Gras.

Dann knieete sie nieder, und schloß ihren Sohn mit solcher Gewalt an ihr Herz, daß er sich ihr entwand und sagte, sie drücke ihn todt.

Sie ließ ihn aber nicht fort, denn es war ihr, als müßte die Schlange ihn umringeln, so bald sie ihn nicht mehr in ihren Armen hielte. Sie faßte ihn daher am Kleide fest und küßte ihm Gesicht und Hände mit fast wahnsinniger Freude.

Der Knabe begriff von Allem diesen Nichts. Er fragte sich, warum Malaeska so aufgeregt wäre und warum sie ihn so fest an sich drückte. Er hätte gewünscht, daß sie das schöne Thier, welches während er schlief, sich seinem Bett genähert, nicht so weit fortgeschleudert hätte.

Als sie ihm aber sagte, welch' ein gefährliches Unthier es war, da begann er ebenfalls zu erschrecken und wollte nun wissen, auf welche Weise sie die Schlange getödtet und ihn gerettet hätte.

Malaeska fand in einiger Entfernung von dem Felsen ihren noch in dem Kopfe des Thieres steckenden Pfeil und brachte diese Trophäe ihrem Sohne.

Erschreckt prallte er einige Schritte zurück und begriff nun die Gefahr, in welcher er geschwebt.

Sechstes Kapitel.

Die Verfolgung.

Dieses Ereigniß änderte Malaeska's Pläne. Anstatt einige Zeit an diesem Orte zu verweilen, raffte sie die verschiedenen, aus dem Boote ausgeschifften Gegenstände zusammen, stieg wieder in ihr Fahrzeug und setzte ihre Reise auf dem Flusse weiter fort.

Der Knabe freute sich, daß man wieder auf dem Wasser schwamm, und verlor sehr bald die unangenehme Erinnerung an die Schlange.

Am Abend wählte Malaeska mit großer Vorsicht den Ort, wo sie mit ihrem Sohne ihr Lager aufschlagen wollte. Sie zündete ein großes Feuer an, ehe sie das Tigerfell, auf welchem ihr Sohn schlafen sollte, ausbreitete, denn das Feuer war ein Mittel, um die giftigen Thiere zu verscheuchen.

Mutter und Sohn genossen dann ihr Abendbrod am Fuße einer riesigen Tanne, deren dunkle Nadeln von dem Feuer beleuchtet wurden, während Alles, was ringsumher lag, in Dunkel gehüllt blieb.

Als die Finsterniß noch dichter ward, zeigte William eine ernste Miene und Malaeska sah an dem traurigen Ausdruck seines Gesichts, daß er an das Haus seines Großvaters dachte.

Sie hatte beschlossen, ihm von ihren Plänen nicht eher Etwas zu sagen, als bis sie vor dem Rathe der Aeltesten des Stammes erschiene, und wo, nachdem die Indianer ihn zu ihrem Oberhaupt ausgerufen, er in der armen Malaeska seine Mutter erkennen würde.

Durch seine Traurigkeit beunruhigt, suchte sie in ihren Taschen nach Etwas, was ihn erheitern könnte.

Sie fand einige Beeren von gelber Farbe und gab sie ihm. Dieselben riefen aber nur seine Thränen hervor, denn sie erinnerten ihn an die Wohnung seines Großvaters.

„Malaeska," sagte er, „wann werden wir zu Großpapa und Großmama zurückkehren? Ich weiß gewiß, daß sie uns suchen."

„Wir dürfen nicht mehr an sie denken," antwortete Malaeska mit ängstlichem Ausdruck.

„Ich kann sie aber nicht vergessen; ich will sie wiedersehen," hob der Kleine in übelgelauntem Tone wieder an.

„Du darfst sie aber, wenigstens Deinen Großvater, nicht mehr lieben, als Malaeska, die für Dich das Leben lassen will."

„Ich verlange nicht, daß Du sterbest, sondern daß Du mich wieder nach Hause bringst."

„Wir gehen nach Hause — nach unserm schönen Hause im Walde, wovon ich Dir erzählt habe."

„Ich bin des Waldes überdrüssig."

„Du bist des Waldes überdrüssig?"

„Ja, ich spiele wohl gern darin, aber ein Haus kann man ihn doch nicht nennen. Welch' ein Unterschied, Malaeska, gegen das meines Großvaters!"

„Ich sehe keinen Unterschied, und übrigens werden wir niemals dorthin zurückkehren," sagte die Indianerin in entschlossenem Tone. „Du bist m e i n und n u r mein!"

Der Knabe protestirte gegen diesen Ausspruch.

„Ich will aber nicht im Walde bleiben," sagte er. „Ich will in einem wirklichen Hause wohnen, in einem guten Bette schlafen und — Ach, da fängt es an zu regnen. Ich höre es donnern. Ach, wie gern wäre ich daheim!"

In der That thürmte sich ein Gewitter über ihnen auf. Der Wind begann zu wehen und ächzte traurig durch die Aeste der Tannen.

Malaeska, welche durch das Unwetter unangenehm überrascht ward, schloß den müden Knaben an ihr Herz.

„Fasse ein wenig Geduld, William," sagte sie; „es wird Dir nichts Schlimmes widerfahren. Morgen wollen wir den ganzen Tag rudern und Du sollst selbst die Ruder führen."

„Wirklich?" sagte der Knabe ein Wenig lächelnd.

„Aber dann schlagen wir den Weg ein, welcher nach Hause zurückführt, nicht wahr?

„Nein; wir werden vielmehr über das Gebirge gehen, wo die Wigwams der Indianer stehen. Die tapfern Krieger werden William zu ihrem Könige machen."

„Ich will aber nicht König sein, Malaeska."

„Du wirst ein Häuptling werden, ein großer Häuptling, der seine Leute auf den Kriegspfad führt und ruhmreiche Schlachten liefert."

„Ah, das wäre mir allerdings angenehm mit Deinem schönen Bogen und Deinen Pfeilen. Kann ich dann Rothhäute schießen?"

„Sprich nicht so, mein Kind."

„O," hob der kleine Knabe schaudernd wieder an, „der Wind geht kalt und ächzt in den Aesten der Tanne. Wollen wir nicht lieber jetzt von hier fortgehen?"

„Fürchte nicht die Kälte," entgegnete Malaeska mit Bewegung. „Sieh, ich will Dich in diesen Mantel hüllen, und der Regen wird nicht durch dieses Pelzwerk dringen. Wir haben Muth — Du sowohl wie ich. Warum sollten wir einige Donnerschläge und ein wenig Regen fürchten. Dies giebt mir blos Gelegenheit, zu zeigen, daß ich muthig bin."

„Aber Du denkst nicht an das Haus. Der Wald und der Regen gefallen Dir. Bei dem Donner und Blitz funkeln Deine Augen, ich aber liebe das nicht. Ich bitte Dich, bringe mich zu meinem Großpapa zurück, dann kannst Du allein in den Wald zurückkehren. Willst Du Das?"

„O, sage nicht Das! Du brichst mir das Herz!" rief die arme Mutter. „Höre mich an, William. Die Indianer — ich spreche von meinem Stamme — die tapferen Indianer bedürfen Deiner zu ihrem Häuptlinge. In einigen Jahren wirst Du sie zum Kriege führen."

„Ich hasse die Indianer."

„Nein, nein."

„Sie sind hart und grausam."

„Gegen Dich sind sie es nicht."

„Ich will nicht bei den Indianern leben."

„Es sind aber tapfere Männer. Du wirst Ihr Oberhaupt werden."

„Sie haben meinen Vater um's Leben gebracht."

„Ich gehöre aber ihrem Stamme an. Ich habe Dich gerettet und zu den Weißen gebracht."

„Ja, ich weiß es wohl; Großmama hat es mir erzählt."

„Und ich lebte früher im Walde."

„Du lebtest bei den Indianern."

„Ja, Dein Vater liebte die Indianer, William."

„Ist das wahr? Gleichwohl haben sie ihn umgebracht."

„Es geschah dies im Kampfe."

„Im ehrlichen Kampfe?"

„Ja, mein Kind. Dein Vater war ihr Freund; sie glaubten aber, er habe sie verrathen. Ein großer Häuptling griff ihn mitten im Handgemenge an, und sie verwundeten einander gegenseitig tödtlich. Sie fielen einer wie der andere und starben."

„Kanntest Du jenen großen Häuptling, Malaeska?"

„Er war mein Vater," antwortete die Indianerin in gepreßtem Tone, „mein eigener Vater."

„Dein Vater und — mein Vater? Ich verstehe nicht, warum sie einander so gehaßt haben," bemerkte der Knabe, welcher in Nachdenken versank.

„Sie hatten dies nicht immer gethan," entgegnete Malaeska, indem sie die Thränen unterdrückte, welche sie zu ersticken drohten. „Vorher hatten sie einander geliebt!"

„Sie hatten einander geliebt! Das ist seltsam! Und Dich, Malaeska, liebte mein Vater Dich auch?"

Die Unglückliche ward bleich wie der Tod. Sie fuhr sich mit einer ihrer Hände verstohlen unter den Mantel und drückte sie fest auf's Herz. Sie war nahe daran zu sprechen, sie hatte aber gelobt, nichts zu offenbaren, und sie blieb ihrem Gelübde treu."

Der Knabe vergaß seine Frage beinahe sofort wieder und bemerkte nicht das Schweigen und die Unruhe der Indianerin. Das Gewitter, welches mittlerweile zu seinem ganzen Ausbruche gekommen war, beschäftigte ihn sehr.

Malaeska hüllte ihn sorgfältig in ihren Mantel und drückte ihn an sich.

Der Regen fiel in Strömen. Dank den dichten

Aesten der Tanne aber war der Boden in ihrer unmittelbaren Nähe noch von keinem Tropfen benetzt.

„Sieh, mein Kind, wir sind vollkommen gegen den Regen geschützt; er kann uns hier nicht treffen," sagte sie, um seinen Muth wieder ein Wenig aufzurichten. „Ich werde viel dürres Holz auf das Feuer legen und die ganze Nacht bei Dir wachen."

Kaum hatte sie das Feuer wieder angefacht, als eine helle Flamme bis an die Aeste des Baums emporstieg und einen Begriff von der Dichtheit der ringsumherrschenden Finsterniß gewährte.

Diese Finsterniß wäre hinreichend gewesen, um selbst einen muthigen Mann zu schrecken. Man darf sich daher nicht wundern, wenn der Knabe schauderte, als er einen Blick in dieses undurchdringliche Dunkel warf.

Malaeska sah, daß er Furcht empfand, und sie fuhr fort, Holz auf das Feuer zu werfen, in der Hoffnung, daß, je mehr er Licht hätte, desto mehr Muth er fassen würde.

Das Lager befand sich auf einem Ausläufer der Hochebene, welche sich hier ziemlich steil nach dem Flusse hinabsenkte, und der Schein des Feuers fiel weit hinein in den Hudson.

Vier Männer, welche den Strom heraufgerudert kamen, gewahrten dieses Licht und begannen sofort lebhaft mit einander zu sprechen.

„Hier ist sie," sagte der Eine; „nur die Indianer

zünden dergleichen Feuer an. Muth, Muth! Wir werden beide Flüchtlinge hier finden."

Die Ruderer verdoppelten ihre Anstrengungen und das Boot legte trotz der Strömung am Fuße der Uferhöhe an, auf welcher Malaeska ihr Lager aufgeschlagen.

Die vier Männer sprangen aus dem Boot und erkletterten die Anhöhe, während der Schein des Feuers ihnen zur Richtschnur diente.

Das Rauschen des Regens in dem Laube verhinderte es, daß die Indianerin sie kommen hörte, und übrigens trug auch der Wind die wenigen Worte hinweg, welche sie mit beinahe leiser Stimme an einander richteten.

William war weinend eingeschlafen. Malaeska betrachtete ihn beim Scheine des Feuers mit wehmüthiger Zärtlichkeit. Ein kalter Regen durchdrang ihre Kleider, aber sie bemerkte Nichts davon.

Sobald nur ihr Sohn nicht litt, so fragte sie wenig darnach, ob sie naß würde oder nicht.

Wir haben bereits erwähnt, daß die Stimme des Orkans jedes andere Geräusch übertäubte. Die vier Männer, welche das Boot am Rande des Flusses gelassen, gelangten in Malaeska's Nähe, ehe dieselbe noch Etwas von ihrer Annäherung ahnte.

Plötzlich breitete sich ein dichterer Schatten, als der, welchen die Tanne warf, um sie herum aus. Sie hob die Augen auf und gewahrte zwischen sich und dem Baume den Vater ihres verstorbenen Gatten.

Sie sprach kein Wort. Sie stieß keinen Schrei aus. Sie drückte blos den schlafenden Knaben fest an sich und lehnte sein bleiches Gesicht mit einer Miene, welche eben so viel Stolz als Furcht verrieth, an ihre Stirn.

„Nehmt meinen Sohn aus den Armen dieses Weibes und tragt ihn in das Boot," rief der alte Kaufmann zu den drei Männern, welche ihn begleiteten.

„Nein, nein, es ist mein Kind!" rief Malaeska heftig. „Nur der Große Geist kann mir es fortan nehmen."

Diese Worte weckten den Knaben. Er schlug die Augen auf und erblickte, als er sich umsah, Mynheer Danforth.

„Großpapa! O, Großpapa, nimm mich wieder mit nach Hause! Ich will nach Hause zurückkehren!" rief er, indem er sich aus den Armen der Indianerin losmachte.

„Oh!"

Wer könnte den Ausdruck dieses einzigen Lautes beschreiben, als er sich den bleichen Lippen der armen Mutter entrang! Es war der Aufschrei eines Herzens, dessen festeste Fasern rissen. Der Knabe wollte sie verlassen.

Sie hatte nicht den Muth zu kämpfen, sondern ließ die Männer ihn aus ihren Armen nehmen. Der Anblick der Schlange hatte sie nicht so vollständig gelähmt.

Die Männer bemächtigten sich des Knaben und trugen

ihn fort. Sie folgte ihnen, ohne ein Wort zu sprechen, dann sah sie, wie sie in das Boot stiegen und von dem Ufer abstießen, während man sie allein in der Finsterniß einer schauerlichen Nacht zurückließ.

Ihre Lage war eine entsetzliche, aber sie dachte weiter nicht daran, sondern folgte mit stierem Blicke dem Boote.

Es dauerte nicht lange, so schlug ein Ruf an ihr Ohr.

„Malaeska, komm auch mit! Malaeska, Malaeska!" rief der Knabe.

Sie hörte diese Worte und ihr Herz pochte gewaltig. Mit wilden Sprüngen, gleich denen eines Panthers, eilte sie nach ihrem Canoe und begann hinter ihren Henkern den Fluß hinabzurudern.

Wie groß aber auch die Anstrengung war, zu welcher die Verzweiflung sie trieb, so war sie doch nicht im Stande, über die Kraft von vier rüstigen Männern zu triumphiren. Bald waren ihr dieselben aus den Augen entschwunden und sie konnte ihnen nur von Weitem folgen — allein — gänzlich allein.

In Danforth's Haus kehrte Malaeska niemals wieder zurück. Sie bauete sich eine Hütte in der Nähe der Küste und lebte vom Verkauf bunt bemalter Körbe und fertigte jene reizenden Stickereien, deren Herstellung ein Geheimniß der Indianerinnen ist.

Sie führte ein höchst einsames Leben, zuweilen aber begegnete sie ihrem Sohne in den Gassen von Manhattan oder auf dem Flusse, und das war für ihr Glück hinreichend.

Nach Verlauf von einigen Monaten kam er eines

Tages zu ihr. Sein Großvater hatte ihm erlaubt, ihr diesen Besuch zu machen, denn er hatte Mitleid mit der armen Frau und wollte nicht, daß der junge Mann nach Europa reise ohne ihr Lebewohl zu sagen.

Der Schmerz der Indianerin bei dieser Mittheilung war außerordentlich groß, dennoch aber wußte sie ihre Gemüthsbewegung zu bezwingen und die Ruhe zu bewahren, welche ihre Mutterpflichten ihr auferlegten.

Bald darauf sah Malaeska, am Strande stehend, ein Schiff mit weißen Segeln rasch dem Ocean zusteuern — dem unermeßlichen Ocean, der für sie das Bild der Ewigkeit war.